Franse
Atlantische kust

Uitgeverij ANWB

Inhoud

3

Het belangrijkste eerst

Stranden en belle époque

'Charmant' is beslist een juiste omschrijving voor de badplaatsarchitectuur van de belle époque. De mooiste villa's staan langs het Bassin d'Arcachon, met oosterse torentjes, Zwitserse chalets, Engelse cottages en Baskische vakwerkhuizen (▶ blz. 74).

Reddingszwemmers op een troon

De hoogpotige zitplaats doet een beetje denken aan een bovenmaatse kinderstoel. Of aan een troon. Bovenop zitten meestal twee zongebruinde reddingszwemmers. De relaxte houding en coole zonnebrillen zijn misleidend: geen badgast ontsnapt aan hun aandacht. Hun terrein wordt afgebakend door in het zand gestoken vlaggetjes.

Viticulteur of vigneron?

Ook in de wijnbouw gaat niet alles op dezelfde manier. Een *viticulteur* onderhoudt een wijngaard en levert de geoogste druiven aan een coöperatie. Een *vigneron* onderhoudt een wijngaard, produceert zelf de wijn en brengt die zelf op de markt.

Ode aan de vuurtorens

De Phare des Baleines (▶ blz. 29) staat bijzonder fraai op de westpunt van Île de Ré. De vuurtoren werd in 1854 in bedrijf genomen; nu biedt hij op bijna 60 m hoogte vooral een spectaculair uitzicht. Van de Phare de la Coubre aan de Côte de Beauté (▶ blz. 40) kijk je van maar liefst 300 m hoog uit over de monding van de Gironde. Nog een hoogtepunt? Om de Phare de Cordouan (▶ blz. 40) te bereiken, ga je met een bootje de zee op.

Baskisch voor beginners

De Baskische taal is niet bij een taalfamilie onder te brengen. Er zijn 22 verbuigingen, maar bij de namen en zelfstandige naamwoorden hoort geen geslacht. De meeste plaatsnaamborden en verkeersborden in Baskenland zijn tweetalig; daarom hier een spoedcursus: *alde zaharra* – oude stad, *hiri gunea* – centrum, *hondartza* – strand, *azkerrik* – dank u.

In een andere wereld
Zwartbonte koeien grazen in groene weiden. In dorpjes als Ascain (▶ blz. 106) en Sare (▶ blz. 106) zie je keurig onderhouden rood-witte vakwerkhuizen als getuigen van de boerentrots van het Baskenland. En de Atlantische Oceaan? Die ligt een paar kilometer verderop, maar lijkt tot een andere wereld te behoren.

!

Jacobsschelp aan de hoed
Sinds de reis van de bisschop van Le Puy (951) zijn de pelgrims naar het Galicische Santiago de Compostela te herkennen aan hun wandelstok en een jacobsschelp aan hun hoed. Velen volgden in de middeleeuwen zijn voorbeeld. In de 12e eeuw was elk jaar een half miljoen pelgrims onderweg. In 1988 is de Sint-Jacobsroute tot UNESCO-Werelderfgoed verklaard. Ook nu volgen talloze pelgrims de hoofdroute, de Camino Francés. Deze geweldige etappe begint in St-Jean-Pied-de-Port en voert over de Pyreneeën naar het Spaanse Roncesvalles.

Oesters zijn niet zomaar oesters
De oesters uit Marennes (▶ blz. 34) zijn door de toestroom van zoet water mild en hebben een groenige glans door een bepaalde alg. De oesters uit het Bassin d'Arcachon (▶ blz. 74) zijn wat vleziger. Beide soorten smaken heerlijk!

Spiegeltje, spiegeltje
Miroir d'eau, waterspiegel, heet de 3450 m² grote fontein aan de nieuw vormgegeven waterkant van Bordeaux. Het doel was dat de gerenoveerde stad zich in het slechts enkele centimeters diepe water kon spiegelen. Dat is perfect gelukt.

De beslissing om zo vaak mogelijk naar de Franse Atlantische kust te rijden, heeft niet in laatste plaats te maken met de voorliefde van mijn labrador Paule. Hij houdt net zoveel van de golven en van wandelen als zijn schrijvende baasje.

Vragen? Ideeën?

Laat het me weten! Mijn adres bij de ANWB:

 anwbmedia@anwb.nl

Dit is de Franse Atlantische kust

Langs de bijna 700 km kange kust vind je de meest uiteenlopende leefstijlen en landschappen. Wat de Marais Poitevin in het noorden en de Baskische rotskust in het zuiden verbindt, zijn het zonnige klimaat, de enorme golven, de eindeloze stranden en de kruidige geur van zeedennen. Verder geldt vooral: *Vive la différence!* In het noorden schitteren de hagelwitte dorpjes van Charente-Maritime. Voor de kust liggen eilanden en oesterbanken. Verder naar het zuiden scheidt de Girondemonding Charente-Maritime van de wereldberoemde wijngaarden van Médoc en de metropool Bordeaux. Welkom in Aquitaine. In het oosten gaat Aquitaine over in de lome gelukzaligheden van de Franse Midi, in het zuiden volgen de uitgestrekte stranden en nog uitgestrektere bossen van Landes. Tot slot het Baskenland met steile rotsen langs de kust kust en de Pyreneeën, die een natuurlijke grens met Spanje vormen. Dit zuideinde van de Franse Atlantische kust is alleen al in geografisch opzicht bijzonder.

De toekomst is groen

in 1999 raakte de kust sterk vervuild door de schipbreuk van de olietanker Erika. In 2002 werd de Galicische kust met olie vervuild door de schipbreuk van de Prestige. In 2010 veroorzaakte de zware storm Xynthia een vloedgolf die veel slachtoffers eiste. Daarop werd een masterplan opgesteld voor een ecologisch zinvolle bebouwing van de kust, bescherming van de duinen, de bouw van dijken en de renaturisering van draslanden. Met een budget van € 350 miljoen is dit het belangrijkste programma voor kustbescherming van Frankrijk. Bovendien is de ontwikkeling van duurzaam toerisme dringend geboden. Steeds vaker is er een ecolabel te zien bij hotels, boerderijen met eigen winkel en fietsverhuurstations.

'Gauche caviar' en een chique badplaatscultuur

Is de Franse oud-premier Lionel Jospin gespot in zijn zomerverblijf? Charlotte Gainsbourg? Zat die actrice niet bij de oesters en een chablis in Les Portes-en-Ré? Dat zijn de vragen die de toon aangeven op Île de Ré. Over schouders hangen losjes pullovers van kasjmier. De zonnebrillen zijn van echt hoorn. Goedkope plastic stoeltjes? Zijn er niet. Je zit hier op caféstoeltjes van Philippe Starck of op vergelijkbare stoelen van gegarandeerd ecologisch verantwoorde rietfabricage. Dit alles bij elkaar maakt Île de Ré tot een chique en mondaine vakantiebestemming.

Vis, 'fruits de mer' en oesters

Het kan ook anders. Verder naar het zuiden liggen charmante badplaatsjes in belle-époquestijl als Fouras, waar je je op 'vakantie met Monsieur Hulot' waant. Wanneer de viskotters de haven binnenvaren, wemelt het in de netten van tonijn, sardines en kabeljauw – de rijkdom aan vis bij Charente-Maritime is legendarisch. Zo ook de reputatie van de oesterkwekers: Bij Marennes kijk je uit over een heel mozaïek aan spiegelende oppervlakken van het water waarin deze weekdieren groeien.

Sprookjesachtige kleurenpracht: aan het strand van Cap Ferret.

Boomtown Bordeaux

In tien jaar is Bordeaux grondig gerenoveerd. In deze tien jaar heeft de stad dankzij fietspaden, voetgangersgebieden en de supermoderne tram een nieuwe karakter gekregen. Honderden stadspaleizen werden gezand-straald, hele wijken van de oude stad werden gesaneerd. Een showcase van deze vernieuwing is de 4 km lange kustpromenade. Het recentste pronk-stuk van architectuur is de Cité du Vin. In dit schitterende bouwwerk gaat het om wijn. Want wie Bordeaux zegt, moet ook Bordelais zeggen. Dat is immers een van de meest prestigieuze wijnregio's ter wereld.

Het langste strand van Europa

De populairste weekendlocatie van Bordeaux is nog altijd Arcachon met zijn door hutjes van oesterkwekers omringde baai en het zeer chique en zeer trendy Cap Ferret. Aan de andere kant van het Bassin d'Arcachon markeert de 108 m hoge Dune du Pilat het begin van het langste strand van Europa. De 106 km aan zand, duinen en golfbrekers zijn typerend voor Landes. De badplaatsen liggen ver uiteen, met enkele internationaal bekende surflocaties waar een hip volkje van getatoeëerde en zongebruin-de surfers de hoge golven berijdt. Andere zijn gezinsvriendelijk, met ruimte voor tenten of caravans. In het achterland kom je weinig mensen tegen, hooguit een paar fietsers of wandelaars. Dunner bevolkt dan in de bossen van Landes is het nergens aan de Franse Atlantische kust.

Hoge golven en Movida

Met grote kracht slaan de golven van de Atlantische Oceaan tegen de rotsen rond de baaien van Biarritz en St-Jean-de-Luz. Opspattend schuim schiet over de kustweg naar Hendaye. In de laatste kilometers voor de Spaanse grens neemt de Baskische kust een woest karakter aan. In de jaren 50 waren hier de eerste surfers van Europa te zien. 's Avonds wordt het rustig op het water, maar niet in de bars. De nabijheid van Spanje is voelbaar, en de nacht is lang.

De Franse Atlantische kust in cijfers

1

op de lijst van regio's in Frankrijk met voorzieningen voor reizen met een beperking staat Charente-Maritime.

wereldkampioenschappen maken Hossegor elke oktober tot een internationale hotspot voor surfers: de 'Roxy Pro France' voor vrouwen en de 'Quiksilver Pro France' voor mannen.

29

procent van alle Franse AOP's – beschermde herkomstaanduidingen – voor wijn horen thuis in Aquitaine.

256

bronnen klateren in het departement Landes – dat is een nationaal record.

257

treden voeren naar de top van de vuurtoren Phare des Baleines op de westpunt van Île de Ré.

800

romaanse kerken telt de regio Poitou-Charentes.

meter hoog is de top van de Baskische berg La Rhune (Larrun).

50

ezels van het ras Baudet du Poitou waren er in de jaren 70 nog – hun bestand is inmiddels veilig gesteld.

5.050.000

inwoners tellen de (voormalige) regio's Poitou-Charentes en Aquitaine aan de Atlantische kust.

60.000.000

kubieke meter zand vormt de duinen van Pilat.

uur schijnt de zon gemiddeld per jaar op Île de Ré.

8300

ton vis wordt jaarlijks in de havens van La Rochelle, Royan en La Cotinière aan land gebracht.

10.000

vrachtwagens rijden elke dag in de spitsuren over de N 10 van en naar Spanje.

15.000

mensen werken in de oesterteelt.

106

kilometer aan zand maken de kust van Landes tot het langste strand van Europa.

Eten en drinken

Deze kust is een geweldige bestemming voor wie van lekker eten en drinken houdt. Dat is te danken aan de rijkdom aan vis en zeevruchten en de vele eersteklas producten van Zuid-west-Frankrijk. Ook het oude vooroordeel dat men in Bordeaux uitstekende wijnen schenkt bij matige gerechten is van tafel. Die stad aan de Garonne is nu ideaal voor fijnproevers.

Waar, wanneer, wat eten?

Voor elk budget is er wel een tafeltje te vinden, of het nu in een chic restaurant, een hippe bistro of een relaxte strandbar is. In een café of bar kun je iets drinken, maar je kunt er ook iets eten, zoals een broodje, een pizza of een salade – in Baskenland ook tapas. Voor taart of een petitfour ga je naar een salon de thé. Vanaf 19.30 uur kun je terecht in een restaurant, waar je een menu of à la carte (duurder) kunt eten. In brasserieën houdt men minder strikte tijden aan voor lunch of diner: hier wordt doorlopend warm eten geserveerd. De huidige bistro is niet meer te vergelijken met die van vroeger, want een Michelinster en een bistro sluiten elkaar niet meer uit, maar in een bistro gaat het er vaak wat informeler aan toe dan in een restaurant. De *bar à vin* mag zich in een steeds grotere populariteit verheugen. Hier staat de wijn (vaak per glas) centraal, maar er is ook altijd wel een kleine menukaart.

Hoe duur wordt het?

's Middags kun je goedkoper uit eten dan 's avonds. Ook de betere adressen lokken

---

DE FRANSE ATLANTISCHE KUST DOET ETEN EN DRINKEN

Heerlijkheden van de kust

De beste aardappelen van Frankrijk zouden van Île de Ré komen: roseval, charlotte en amandine zijn soorten waarvan liefhebbers dromen. Oesters eet men het liefst rauw, mosselen *à la marinière*, ofwel in een roomsaus. Beide horen thuis in een *plateau de fruits de mer* – een fraai op een bed van ijs en zeewier gearrangeerde schotel van zeevruchten, met noordzeekrab, gewone krab, garnalen, zeeslakken en langoustines.

Met het accent op eend en paling

In Landes voert de eend *(canard)* de boventoon, wat blijkt uit gerechten als ganzenleverpastei *(foie gras)*, gegrilde eendenborst en ingemaakte eenden-schenkel *(confit de canard)*. De paling *(anguille)* komt uit de riviermondingen van de Gironde en de Adour, net als de palingachtige negenoog *(lamproie)*, die als ragout op tafel komt. Ook vleeslief-hebbers komen aan hun trekken met luchtgedroogde ham van Bayonne. Vaak gaat deze samen met de oranjerode charentais-meloen, die suikerzoet smaakt. Andere vleesspecialiteiten zijn Pauillac-lam en Bazasrund.

Lekkere kazen

De zachte geitenkaas chabichou komt uit Poitou en heeft een AOP-keur-merk. Ook de Baskische schapenkaas ossau-iraty heeft dat keurmerk, maar die is hard en heeft minstens drie maanden gerijpt.

doordeweek gasten met een aangenaam geprijsd menu (*menu de la semaine*, zo'n € 20). Veel restaurants, cafés en bistro's bieden een dagschotel *(plat du jour)*, of een *formule* (voorgerecht en hoofdgerecht of hoofdgerecht en dessert, eventueel met koffie en/of een glas wijn). Beide zo'n € 12-20. 's Avonds gaan de prijzen omhoog. Een menu zonder drankjes kost zo'n € 25-30. In een toprestaurant betaal je gemiddeld € 40-60, en bij een Michelinster begint het pas vanaf € 60. Bij drie sterren blijft het niet onder € 100.

Restaurantetiquette

In een restaurant is het aan de ober om je een tafel te wijzen, maar je kunt het voorstel altijd beleefd afwijzen en een andere plek vragen. Nadat je de menukaarten hebt gekregen, zal je gevraagd worden of je een aperitiefje wilt. Als je eenmaal weet wat je wilt eten, kun je de bediening wenken (aanspreekvorm: *monsieur* of *madame*). Het nuttigen van voorgerecht, hoofdgerecht, dessert en koffie neemt ongeveer twee uur in beslag. De rekening wordt pas gebracht als je erom vraagt. De bediening is bij de prijs inbegrepen *(service inclus)*, maar een fooi is gebruikelijk.

Wijn van Bordeaux

De wijnstokken op 120.000 ha in de regio Bordeaux produceren meer dan vijftig AOP-wijnen die over de hele wereld

O OVERIGENS

Reserveren is noodzakelijk. De zaterdagavond en de zondagmiddag zijn in Frankrijk bijzonder populaire tijden om uit eten te gaan – in de restaurants is het dan des te drukker. Veel restaurants zijn vervolgens zondagavond en maandag gesloten. Een tafel reserveren is doorgaans wel aan te raden: hoe populairder het restaurant, hoe gerenommeerder de *chef de cuisine*, des te sneller krijg je *complet* te horen – geen tafel meer vrij.

VEELZIJDIG EN GEZOND

Oesters zijn rijk aan eiwitten, vitaminen en sporenelementen, maar de ene oester is de andere niet: die uit Bassin d'Arcachon, waar de schaaldieren op 800 ha worden gekweekt, zijn wat vleziger en hebben een nootachtige smaak. 10 % van alle Franse oesters komt uit deze baai: dat is 8000 tot 10.000 ton per jaar. De tegen grote temperatuurschommelingen beschermde baai – voor de teelt moet het water minstens 22 °C zijn – is ook de belangrijkste broedplaats van oesters in Frankrijk. De kwekers leveren jonge oesters aan collega's in Normandië, Bretagne, Languedoc en Nederland.

---

worden gedronken. Van de druivensoorten cabernet sauvignon, cabernet franc, merlot, malbec en petit verdot maakt men stevige rode wijnen. De druivensoorten sauvignon blanc, sémillon en muscadelle staan aan de basis van witte wijnen.

Wijn van Gascogne en Baskenland

Op de vins du haut-pays, wijnen uit hooggelegen gebieden, zagen de wijnboeren van Bordelais vroeger nogal neer. Nu staan ze versteld van het succes van de krachtige madirans, de fruitige Gascognewijnen en de levendige roséwijnen uit het Baskische Irouléguy. Ook de witte wijnen uit Jurançon hebben een grote ontwikkeling doorgemaakt. De goudkleurige Jurançon moelleux is een zoete wijn met aroma's van ananas en kweepeer. En de Jurançon sec heeft tonen van honing en een zweempje limoen.

Het kompas van de Franse Atlantische k

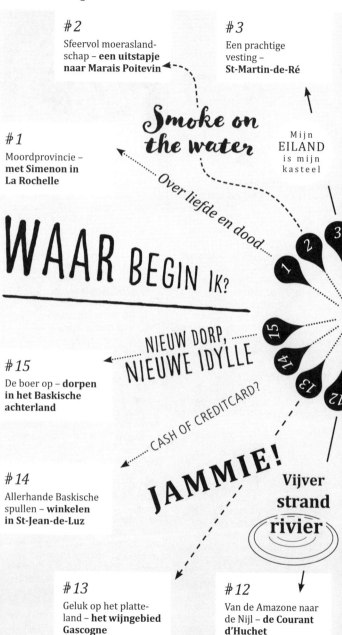

#2
Sfeervol moerasland-
schap – **een uitstapje
naar Marais Poitevin**

#3
Een prachtige
vesting –
St-Martin-de-Ré

*Smoke on
the water*

Mijn
EILAND
is mijn
kasteel

#1
Moordprovincie –
**met Simenon in
La Rochelle**

Over liefde en dood

WAAR BEGIN IK?

*NIEUW DORP,
NIEUWE IDYLLE*

#15
De boer op – **dorpen
in het Baskische
achterland**

CASH OF CREDITCARD?

JAMMIE!

Vijver
strand
rivier

#14
Allerhande Baskische
spullen – **winkelen
in St-Jean-de-Luz**

#13
Geluk op het platte-
land – **het wijngebied
Gascogne**

#12
Van de Amazone naar
de Nijl – **de Courant
d'Huchet**

#4

Harde schaal, zachte kern – **de oesters van Marennes**

#5

Op bezoek bij engelen – **Saintes en Saintonge**

LUXEDIEET

UITSTAPJE
naar de middeleeuwen

Space City

#6

Ontwaakt uit een diepe slaap – **Bordeaux' nieuwe waterkant**

VIVE DE FIETS

#7

Oude spoorlijn-romantiek – **op de fiets door Entre-Deux-Mers**

Médoc
bij insiders

#8

Wijn proeven bij wijnboeren van adel – **de Route des Châteaux**

Zacht briesje
tussen luxueuze villa's

NIET ZONDER MIJN ZONNEBRANDCRÈME!

SCHAPEN, OSSEN,
BOS-GEESTEN

#9

Eeuwige zomer in de 'winterstad' – **Arcachons Ville d'Hiver**

#11

Kippenhok en herenhuis – **het openluchtmuseum Marquèze**

#10

Franse Sahara – **de duinen van Pilat**

La Rochelle en Charente-Maritime

2600 uur schijnt de zon per jaar op het voor La Rochelle gelegen Île de Ré, waar Parijzenaars graag in hun vakantiehuisjes vertoeven. En La Rochelle zelf? De arcaden van de mooiste havenstad aan de Franse Atlantische kust zijn ideaal om te flaneren, wat te praten en je te amuseren. In het milde klimaat gedijen hier tropische planten. De grootste attractie van het achterland is Marais Poitevin, een labyrint van kanaaltjes en moerassen. Verder naar het zuiden noemt men de kust Côte de Beauté vanwege de dennenbossen, zandstranden en charmante badplaatsjes.

La Rochelle

🗺 C 2, Uitneembare kaart blz. 20

De versterkte haven moest door de eeuwen heen aanvallers afschrikken, maar nu wemelt het op de kaden van cafés. La Rochelle is met 74.000 inwoners (agglomeratie 127.000 inwoners) een stad vol levendige bedrijvigheid waar ondanks de Atlantische Oceaan een zuidelijke sfeer heerst. Vrouwen hebben een nieuw zomerjurkje aan, zijn op pad met hun nieuwe liefde – een kusje links, een kusje rechts, 'la vie est belle'.

Grote stappen naar de toekomst
Het leven in La Rochelle was ook mooi voor de schrijver Georges Simenon, die jarenlang in de stad woonde (▶ blz. 18). En wie uiteindelijk genoeg heeft van de cafés en kaden kan altijd een uitstapje maken naar Marais Poitevin (▶ blz. 24). Misschien met een elektrische auto of fiets? La Rochelle, een bolwerk van linkse intellectuelen en een universiteitsstad, zet in op duurzame mobiliteit. Hier wordt met een pilotproject de e-mobiliteit getest en wordt het traject voor de hogesnelheidstrein TGV Atlantique aangelegd. De linkse burgemeester Jean-François Fountaine heeft een nevenfunctie als succesvolle bouwer van catamarans en zeiljachten.

···
BEZIENSWAARDIGHEDEN
···

Sfeervolle haven
Trots flankeren de met kantelen bekroonde **Tour St-Nicolas** en de ronde **Tour de la Chaîne** de ingang van de **Vieux Port 1**, de middeleeuwse haven die nu door terrasjes wordt omringd. Iets verder naar het westen staat de met een gotische spits getooide **Tour de la Lanterne**, die tot 1879 dienst deed als gevangenis (apr.-sept. 10-18.30, okt.-mrt. 10-13, 14.15-17.30 uur, € 6 voor een toren, € 8,50 voor drie torens). De wijk

···
VOOR WIE DE WEG OM HET HAVENBEKKEN TE LANG VINDT
···

Met de pendelboot
De route van de ene naar de andere kant van de haven is het kortst met de **Passeur électrique** (apr.-mei 7.30-22, juni-sept. tot 24, okt.-mrt. tot 20 uur) en de **Bus de Mer** (juli-aug. 8.30-23, juni 9-19, apr.-mei, sept. 10-19, okt.-mrt. alleen za.-zo. 10-18 uur), de twee pendelbootjes die tussen Vieux Port, Le Gabut en Port des Minimes varen. Huurfietsen van **Greenbike 1** (▶ blz. 22) mogen mee (elke 30-60 min., afhankelijk van de afstand € 1-3).

Le Gabut 2 in het zuidoosten was ooit de visserswijk. Nu wekt de gesaneerde wijk, die tot een geheel van uitgaansgelegenheden en winkels is verbouwd, met zijn kleurige houten gevels vooral de indruk van een Scandinavisch stadje. Iets zuidelijker vind je het **Aquarium 3** dat als een glazen ruimtestation bij het Bassin des Chalutiers ligt. In de 78 bassins van het futuristische bouwwerk kunnen de flora en fauna van de wereldzeeën op verantwoorde wijze worden ondergebracht: maar liefst 12.000 onderwaterdieren zijn er te zien (Quai Louis Prunier, www.aquarium-larochelle.com, apr.-juni, sept. 9-20, juli-aug. 9-23, okt.-mrt. 10-20 uur, € 16). Nog verder naar het zuiden ligt de France I voorgoed aangemeerd. Het schip uit 1958 voor meteorologische waarnemingen behoort nu bij het **Musée Maritime 4**. Ook de kotter Angoumois en de sleepboot St-Gilles maken deel uit van het scheepvaartmuseum (Quai Sénac de Meilhan, www.museemaritimelarochelle.fr, apr.-juni, sept. 10-18.30, juli-aug. 10-19 uur, € 8). Dichter bij de oude stad vormt het **Quartier St-Nicolas** een dorp binnen de stad. Symbool van de wijk is tussen Vieux Port en Quai Louis Durand de rood-witte **vuurtoren 5** aan de Quai Valin, het middelpunt is de gezellige **Place de la Fourche**. Voor een blik op de **Port des Minimes** 🖸 stap je bij de Cour des Dames aan de voet van de Tour de la Chaîne in de **Passeur électrique**: dit elektrisch aangedreven bootje pendelt naar Europa's grootste haven voor zeiljachten aan de Atlantische Oceaan.

Kijken en kopen in de oude stad
La Rochelle is verleidelijk voor wie van winkelen houdt. Onder de arcaden van de drukke winkelstraten **Rue du Palais** en **Rue Chaudrier** vind je talloze boetieks en nog veel meer. De opvallendste gebouwen zijn het **Hôtel de la Bourse** 🖈 uit de late barok en het imposante **Palais de Justice** 🖇. Vlak bij de kathedraal zie je het **Maison Henri II** 🖈: dit gebouw uit de late renaissance is getooid met paviljoens, galerij, loggia en medaillons. Op de hoek van de Place de Verdun staat de plompe **St-Louiskathedraal** 🔟. Dit godshuis uit de 18e eeuw is door de revolutie onvoltooid gebleven. De buurt rond het **Hôtel de Ville** 🖈 is voorbehouden aan voetgangers. Helaas is het stadhuis vanwege een brand niet te bezichtigen: de restauratie van het door een gotische muur afgeschermde renaissancegebouw duurt nog jaren. Bijzonder in het overwegend katholieke land zijn de **Temple protestant** 🖈, een protestantse kerk, en ernaast het **Musée rochelais d'Histoire protestante** 🖈 (2, rue St-Michel, www.protestantisme-museelarochelle.fr, half juni-half sept. ma.-za. 14.30-18, vr. tot 17.30 uur,

€ 4). Het museum documenteert de geschiedenis van de protestanten in Charente-Maritime vanaf de 16e eeuw. Voor wat frisse lucht en ontspanning is er het **Parc Charruyer** 🖈. In westelijke richting vind je voorbij een eendenvijver en via een wandelpad na 2 km **Le Mail** 🖈, een door dennen omzoomde laan met uitzicht op zee.

························

MUSEA
························

Canadees-Franse vriendschap
Musée du Nouveau Monde 🖈
Wat verbindt La Rochelle met Canada? In een rederspaleis uit de 18e eeuw belicht dit museum de koloniale geschiedenis van Frankrijk als grote concurrent van Engeland in Noord-Amerika. In een andere zaal wordt een minder roemrijke bladzijde van de stadsgeschiedenis opengeslagen. La Rochelle was ooit een spil in de slavenhandel. Bij voorwerpen die allesbehalve 'politiek correct' zijn, zoals een slingeruurwerk met 'negermotief', wordt uitleg gegeven.

10, rue Fleuriau, juli-sept. ma., wo.-vr. 10-13, 13.45-18, za.-zo. 14-18, okt.-juni ma., wo.-vr. 9.30-12.30, 13.45-17, za.-zo. 14-18 uur, € 6, tot 18 jaar en buiten juli-aug. 1e zo van de maand gratis

Koloniale geschiedenis
Muséum d'Histoire Naturelle 🖈
In Parijs was de eerste giraffe in 1826 te zien. Hij was een geschenk van de onder-

Fotogeniek: de Tour de la Chaine bij de haven van La Rochelle. Of maakt iemand hier een foto van de fotograaf? Of een selfie?

1

Moordprovincie – met Simenon in La Rochelle

Georges Simenon (1903-1989) was een gelukkig mens in La Rochelle. De misdaadauteur woonde net buiten de stad op een landgoed, waarvan de weilanden tot aan zee reikten. Vanaf zijn huis reed hij te paard naar Café de la Paix, waar zijn vrienden op hem wachtten.

Café de la Paix ❺ is er nog altijd, met al zijn prachtige stucwerk en pluche. Ook de metalen ring waaraan Simenon zijn paard vastmaakte steekt nog in de gevel. De bedenker van commissaris Maigret ontmoette hier de notabelen van La Rochelle, onder wie de hoedenmaker van **Rue du Palais 6** (nu een filiaal van warenhuis Eurodif), die in de roman *De spoken van de hoedenmaker* geportretteerd wordt. Een andere vriend was de reder Oscar Dahl, die in *Le testament Donadieu* optreedt. Simenon schreef 28 romans in La Rochelle en omgeving, waarvan er 19 in de stad speelden.

Een nieuwe liefde tegen liefdesverdriet

In 1927 kwam Simenon voor het eerst naar Charente-Maritime. De succesvolle Belgische schrijver betrok met zijn vrouw Tigy een vakantiehuis op Île d'Aix. Op dat eilandje kwam Simenon bij van zijn ongelukkige liefdesaffaire met de revuester

In zijn roman **Le testament Donadieu** geeft Simenon een niet erg flatteus beeld van de omgeving van zijn landgoed La Richardière: het was ' … twee hectare bos, waar spinnen en slangen zich thuis voelden', schreef de Belgische auteur.

Met het paard buiten vastgebonden even een kopje koffie drinken in het Café de la Paix: dat was typisch Simenon. Zijn lievelingsplek in La Rochelle heeft hij niet alleen een gesigneerd boek nagelaten, maar ook de ring waaraan hij zijn paard altijd vastmaakte.

Josephine Baker. Op een dag nam een visser hem met zijn boot mee naar La Rochelle: voor Simenon was de havenstad liefde op het eerste gezicht.

Als zijn eigen vestzak

Pas in 1932 kwamen Simenon en zijn vrouw Tigy bij toeval terug in La Rochelle. Ze betrokken een kamer in Hôtel de France-Angleterre in de met arcaden omzoomde **Rue du Minage**. Het hotel bestaat inmiddels niet meer. De achteruitgang op nr. 43, waardoor Simenon de stad in liep, dient nu als entree van het chique Hôtel La Résidence de France. De oude **markthal** 🔳 aan de Place du Marché zou Simenon te paard zijn binnengereden. Hij kwam ook vaak in de bars aan de Rue des Bonnes Femmes aan de noordkant van de markthal.

De huidige uitgaanswijk **Le Gabut** 🔳 was in Simenons tijd een bedrijvige havenwijk. Aan de zuidkade, die nu Quai Georges Simenon heet, stond het kantoor van de reder Oscar Dahl, bij wie de schrijver vaak langsging. Vrijwel net zo vaak was hij te gast in Dahls stadspaleis in de **Rue Réaumur**, een straat waar nog altijd de beter gesitueerden wonen.

Het geluk ligt voor de poort van de stad

Van 1932 tot 1936 huurde Simenon kamers buiten de stad op **La Richardière**. Een landweg, de Chemin de la Richardière, voert vanaf de zuidrand van het dorp **Marsilly** van de D 106 naar het landgoed. Simenon werkte op de begane grond in een kamer rechts naast de toren. Zijn vrouw Tigy schilderde een verdieping hoger. Hun dienstmeid Boule runde de keuken en het huisje op de binnenplaats.

Simenon hield van de slechts 500 m verderop gelegen kust met zijn stranden, rotsen, riviermondingen en oesterbanken. Omdat de eigenaar het landgoed niet wilde verkopen, kocht Simenon in 1938 een huis in het dorp **Nieul-sur-Mer**. Hier werd in 1939 op Rue de l'Océan 33 hun zoon Marc geboren. Door het smeedijzeren hek kun je alleen een indruk krijgen van het park erachter. In 1940 namen de Duitsers het huis in beslag. Simenon verhuisde naar de Vendée.

Uitneembare kaart: C 2 | **Plattegrond:** blz. 20 | **Duur:** 1/2 tot 1 dag (met bezoek aan de dorpen)

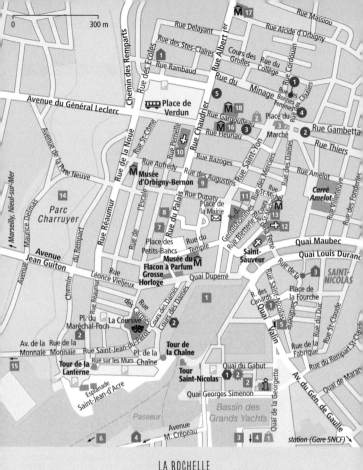

LA ROCHELLE

Bezienswaardig

1. Vieux Port
2. Le Gabut
3. Aquarium
4. Musée Maritime
5. Vuurtoren
6. Port des Minimes
7. Hôtel de la Bourse
8. Palais de Justice
9. Maison Henri II
10. St-Louiskathedraal
11. Hôtel de Ville
12. Temple protestant
13. Musée rochelais d'Histoire protestante
14. Parc Charruyer
15. Le Mail
16. Musée Nouv. Monde
17. Muséum d'Histoire Naturelle
18. Musée de Beaux-Arts

Overnachten

1. Le Champlain
2. La Maison du Palmier
3. St-Nicolas
4. Auberge de Jeunesse

Eten en drinken

1. Le Bistro des Bonnes Femmes
2. La Cuisine de Jules
3. Le Jardin
4. Ze'Bar
5. Café de la Paix

Winkelen

1. Les Puces de Mer
2. L'Épicurium
3. Les Halles

Uitgaan

1. Cave de la Guignette
2. La Cav'A'zo.

Sport en activiteiten

1. Greenbike
2. Croisières Inter-Îles

20

koning van Egypte aan de Franse koning. In Marseille was hij aan land gekomen en daarna dwars door Frankrijk vervoerd. Na zijn dood werd hij opgezet en kwam hij terecht in dit natuurkundig museum. Tot de unieke collectie behoren ook een gnoe, een gorilla en allerlei mosselen uit de Franse koloniën. De zoölogische en volkskundige collecties zijn al sinds 1832 ondergebracht in het prachtige paleis van de gouverneur.

28, rue Albert 1er, www.museum-larochelle.fr, juli-sept. di.-vr. 10-19, za.-zo. 14-19, okt.-juni di.-vr. 9-18, za.-zo. 14-18 uur, € 6, tot 18 jaar en 1e zo. van de maanden sept.-juni gratis

Grote kunst, elk jaar vernieuwd
Musée des Beaux-Arts 18

Het concept is gewoon uniek: elk jaar mag een groep of een persoon die brede bekendheid geniet een deel van de collectie schilderijen uit de 15e tot en met de 20e eeuw naar eigen smaak en inzicht laten ophangen. Het is dus altijd weer een verrassing waar de werken van Corot, Doré en Fromentin de volgende keer hangen in het Hôtel de Crussol d'Uzès, een voormalig bisschoppelijk paleis uit de 18e eeuw.

28, rue Gargoulleau, juli-sept. ma., wo.-vr. 10-13, 14-18, za.-zo. 14-18, okt.-juni ma., wo.-vr. 9.30-12.30, 13.45-17, za.-zo. 14-18 uur, € 6, tot 18 jaar en buiten juli-aug. 1e zo. van de maand gratis

ETEN, SHOPPEN, SLAPEN

 Overnachten

Leven in een rozentuin
Le Champlain 1

Dit voormalige klooster ademt nog altijd 17e-eeuwse charme. De kamers zijn klassiek of ingetogen modern ingericht. De mooiste grenzen aan de rozentuin

30, rue Rambaud, tel. 05 46 41 23 99, www.hotelchamplain.com, 2 pk € 85-165

Voyage, voyage
La Maison du Palmier 2

Dit pension is gevestigd in een voormalig redershuis en weet de charme van het driehonderd jaar oude pand te

verenigen met modern design. De drie kamers staan in het teken van reizen.

23, pl. du Maréchal-Foch, tel. 05 46 50 31 96, www.lamaisondupalmier.com, 2 pk vanaf € 100

Een dorp in de stad
St-Nicolas 3

Het belangrijkst is de aardige locatie in het dorpse Quartier St-Nicolas, want de kamers zijn tamelijk eenvoudig.

13, rue Sardinerie, tel. 05 46 41 71 55, www.hotel-saint-nicolas.com, 2 pk vanaf € 100

Als op een zeiltocht
Auberge de Jeunesse 4

Geen jeugdherberg maar een 'internationaal hostel' met een fris karakter en een bar met terras aan de jachthaven. Het is 30 minuten lopen naar het centrum, of je neemt een pendelbootje.

Av. des Minimes, tel. 05 46 44 43 11, www.aj-larochelle.fr, 2 pk *(cabine)* vanaf € 40, slaapzaal € 18

 Eten en drinken

Iedereen gelukkig
Le Bistro des Bonnes Femmes 1

Nieuwe tent in La Rochelle bij de markthal. Fantastische kaart, vlotte bediening, coole ambiance.

5, rue des Bonnes-Femmes, tel. 05 46 52 19 91, zo., juli-aug. ook ma. gesl., *formule* € 16, menu € 20

Heerlijke visgerechten
La Cuisine de Jules 2

Moderne bistro met innovatieve keuken, heerlijke visgerechten en een Italiaanse kok: Giuliano di Giovanni.

5, rue Thiers, tel. 05 46 41 50 91, zo.-ma. gesl., *formule* € 27 (doordeweek 's middags), menu € 32

Ontbijt in de tuin? 'Mais oui!'
Le Jardin 3

Wat verscholen in het groen. Het ontbijt (lekker broodje) kun je tussen het bamboe eten. Alles wordt zelf bereid, het sinaasappelsap wordt vers geperst.

5bis, rue Gargoulleau, tel. 05 46 41 06 42, ontbijt ma.-za. 8-11.30 uur, lunch, € 12-14,50

FRANS RESTAURANTTHEATER? 'NON, MERCI!'

Ze'Bar fait son Marche ❹

Dit is een wat alternatieve tent. Op de menukaart staan lekkere hapjes. Je zit hier op barstoelen rond wijnvaten en je hebt een mooi uitzicht op wat er van de markt komt.

2, rue des Cloutiers, tel. 05 46 44 22 67, lunch dag., diner alleen vr.-za., *formule* vanaf € 17, menu € 23

🛍 Winkelen

Alles voor op het water
Les Puces de Mer 🅸

Scheepsbenodigdheden, maritiem antiek, gebruikte meubels voor het jacht, outlet voor zeilkleding.

2, pl. Bernard Moitessier (aan het eind van de Quai Louis Prunier), www.pucesdemer.fr, juli-aug. dag. 10-19, juni, sept. ma.-za., okt.-mei di.-za. 10-12, 14-18.30 uur

Heel veel kaas
L'Épicurium 🅱

Het grootste en beste assortiment aan kazen van La Rochelle, of zelfs van het hele departement. Nog een broodje erbij en je bent klaar voor een picknick.

6, rue Gargoulleau, dag. behalve zo.-middag 9.30-13, 15-19 uur

O
OVERIGENS

Het criminaliteitscijfer op het eiland is buitengewoon laag, maar toch zit 20 % van de inwoners van St-Martin-en-Ré in de **gevangenis**, terwijl nog eens 10 % hier in- en uitgaat. De citadel aan de rand van het plaatsje is namelijk tevens een gevangenis met 500 gevangenen en 230 cipiers.

Delicatessen
Les Halles 🅸

De oude markthal is niet alleen mooi om te zien, maar ook een mekka voor producten van de regio Charente-Maritime, zoals vroege aardappelen van Île de Ré of honingzoete charentais-meloenen.

Pl. du Marché, dag. in de ochtend; de markt is wo. en za. het grootst

☀ Uitgaan

Altijd een levendige drukte
La Cave de la Guignette ✦

Al populair sinds 1933. Een specialiteit is de likeur Guignette.

8, rue St-Nicolas, ma.-za. 16-20, ma.-wo. ook 10.30-13.30 uur

Met aanraders van Sophie
La Cav'A'zo.

Aardige wijnbar aan de kade, onder leiding van Sophie, die op het terras vriendelijk aanbevelingen doet. Tapas!

29, quai du Gabut, juli-aug. behalve wo.-avond 9-2, anders di.-vr. 12-23, za.-zo. 14-2 uur

🔵 Sport en activiteiten

Fietstochten en fietsverhuur
Greenbike ❶

Met 100 km aan fietspaden wil je graag een van de 350 fietsen huren.

41, quai du Gabut (tegenover het Office de Tourisme), Pasen-nov.

Minicruises
Croisières Inter-Îles ❷

Boottochten naar Île d'Aix, Île de Ré, Île d'Oléron en naar Fort Boyard.

Vanaf Vieux Port (Cours des Dames) of Esplanade St-Jean-d'Acre, tel. 08 25 13 55 00, www.inter-iles.com, apr.-sept. dag., mrt., okt. alleen za.-zo.

INFORMATIE

Office de Tourisme: 2, quai Georges Simenon, tel. 05 46 41 14 68, www. larochelle-tourisme.com. City Pass met

gratis openbaar vervoer en vélos jaunes en veel kortingen; ook combikaartje voor musea (1 jaar geldig, € 12).
Charente-Maritime Tourisme: 85, bd. de la République, tel. 05 46 31 71 71, www.en-charente-maritime.com, ma.-vr. 9-12.30, 14-17.30 uur.

EVENEMENTEN

Festival International du Film: eind juni-begin juli, www.festival-larochelle. org. Filmfestival met zeer gemoedelijke sfeer. Parallel hiermee wordt het vierdaagse documentairefestival **Sunny Side of the Doc** gehouden, www. sunnysideofthedoc.com.
Les Francofolies: week van 14 juli, www.francofolies.fr. Festival in het teken van het Franse chanson en de Franse popmuziek.

Île de Ré 🗺 B/C 2

Wauw! Bij de rit over de tolbrug die het 30 km lange en maximaal 5 km brede eiland (18.000 inwoners) met het vasteland verbindt, krijg je een bijna onwerkelijke schoonheid voorgetoverd. Goudkleurige stranden en altijdgroene bossen, met daartussen verspreid liggende witte dorpen. La Blanche – de witte – wordt Île de Ré wel genoemd, omdat alleen de vensterluiken en de stokrozen accenten van kleur in de witte straatjes van de eilanddorpen vormen. 'Tout Paris' heeft een vakantiehuisje op dit zonnige eiland. Namen worden niet graag genoemd, luxe is verboden. Monsterachtige reclameborden, lelijke hoogspanningsmasten of verkeerde aanwijzigingen: niets van dat alles op dit chique eiland. Daarentegen zijn er wel veel forten, bastions en citadellen, die vroeger bescherming moesten bieden tegen Engelsen en Nederlanders. Nu schrikken vooral de hoge prijzen af.

CULOTTES

Waarom droegen de **ezels** op Île de Ré vroeger een **onderbroek**? De *culottes* beschermden de ezels tegen insecten. Tegenwoordig grazen de ruige Baudet-du-Poitou-ezels van Régis Leau zonder onderbroek op het grasveld aan de voet van de vestingmuren. Maar niet getreurd: bij bijzondere evenementen krijgen de ezels nog steeds hun *culottes* aan. In de Boutique Les anes en culotte verkoopt Monsieur Leau producten van ezelsmelk (32 bis, Rte. des Chaignes, St-Martin-de-Ré, www.ane-en-culotte.com).

Zien en gezien worden
Als je over de brug vanaf het vasteland naar het eiland gaat, kom je bijna automatisch in **La Flotte**. Dankzij een middeleeuwse markthal, een pittoresk haventje en een schaduwrijke platanen-allee behoort La Flotte tot het selecte gezelschap van *plus beaux villages de France*. In de haven dobberen kleurige oude vissersbootjes van Maison du Plantin (4, cours Felix-Faure, www. maisonduplantin.fr, Pasen-Allerheiligen ma.-vr. 10.30-12.30, 14-18 uur, € 4). Het museum toont vondsten bij de opgravingen van de **Abbaye des Châteliers** (2 km oostelijker aan de D735, gratis). Een stervormige vesting (▶ blz. 28) van de befaamde architect Vauban beschermt de belangrijkste stad **St-Martin-de-Ré**. Deze wordt wel het St-Tropez van de Atlantische Oceaan genoemd. Je ziet er een mondain publiek, maar er is nog veel meer. Tussen het rederspaleis en de viskotters verheft zich de ruïne van St-Martin. Deze weerkerk werd in 1696 door Nederlandse en Engelse oorlogsschepen beschoten. Vanaf de toren heb je een adembenemend uitzicht. Van **Rivedoux-Plage** tot **La Couarde** lijkt het eiland één lang zandstrand. Hier vind je gemakkelijk een stil plekje.

Sfeervol moerasland-schap – **een uitstapje naar Marais Poitevin**

Met 112.000 km² is Marais Poitevin de op een na grootste vochtige biotoop van Frankrijk. Het door de mens aangelegde natuurparadijs vormt een uniek ecosysteem en geeft bezoekers een weergaloze ervaring. ▼

In de middeleeuwen werd het amfibische land-schap van de baai van Aiguillon in het westen tot de stad Niort in het oosten nog overspoeld door de Golfe des Pictons. Monniken lieten al enkele kanalen graven om het gebied droog te leggen. In de tijd van koning Hendrik IV werden Hollandse specialisten ingeschakeld, die het moeras met dij-ken in een polderlandschap veranderden.

Een avontuurlijke boottocht

Voor meer wetenswaardigheden over de geschie-denis, tradities en flora en fauna van het moeras-gebied kun je terecht in **Coulon** ◼, waar Maison du Marais Poitevin een audiovisuele presentatie, de Maraisope, biedt. Coulon zelf ligt op de oever van de Sèvre Niortaise. Het dorp is een plaatje, met bruggetjes, kaden, steegjes en een romaans-goti-sche parochiekerk. Coulon is bovendien het be-langrijkste beginpunt voor een boottocht door het 'groene Venetië'. Onderweg zie je muskusratten het water in plonzen, waterhoentjes wegstuiven en reigers kaarsrecht langs het water zitten. In de herfst, als er ochtendnevel boven het water hangt, is de tocht een griezelig-mooie ervaring.

Tussen kerken en koeien

Via Le Vanneau ga je met de auto of op de fiets verder naar **Arcais** ◼. Ook vanuit de Grand Port van dit fraaie dorpje kun je een verkenningstocht door het moeras maken. In de wijk La Garenne nodigt het oude jaagpad uit tot een wandeling. Een paar kilometer zuidelijker krijg je in het **Parc Les Oiseaux du Marais Poitevin** ◼ bijna alle zeven-tig vogelsoorten van het moerasgebied te zien. In

Door het moeras varen is een geweldige beleve-nis … zolang het bootje niet omslaat.

O
OVERIGENS

Spannend wordt het als de gids met zijn houten stok in het slijk op de bodem van het kanaal port en dan zijn aansteker boven het wa-teroppervlak aansteekt. Hierop volgt een **steek-vlam:** door het porren heeft hij methaangas vrijgemaakt dat de rottende bladeren op de bodem produceren.

Maillé 🔢 geeft het romaanse portaal van de No-tre-Dame een indruk van de ouderdom van het dorp. Bij de kerk begint een wandelroute naar Île de la Chatte en de resten van een donjon.

Een bijzonder uitzicht

Een hoogtepunt is de **Abbaye de St-Pierre** 🔢 in Maillezais. De van ver zichtbare ruïne is een stille getuige van de macht van de benedictijnen, die zich in de 11e eeuw op een van de eilanden vestigden. Tijdens de godsdienstoorlogen in de 16e eeuw werd de imposante abdij verwoest en na de Franse Revolutie werden de stenen als bouwmateriaal gebruikt.

Een heel ander beeld geeft Marais Poitevin te zien in **Marans** 🔢. Het stadje ligt 10 km van de kust, maar is via een kanaal met La Rochelle verbonden. Daarom liggen hier veel zeiljachten. Vanaf de moderne toren met glas en aluminium die in 1988 op de dorpskerk is gezet, heb je een fantastisch uitzicht over Marais Poitevin.

▶ INFO

Alles over de Marais vind je op **www.parc-marais-poitevin.fr**.

O **OVERIGENS**

Engelwortel ken je misschien als thee tegen buikpijn of als ingrediënt van de likeur Chartreuse. In de winkel van **Maison du Marais Poitevin** 🔢 wordt ook gekonfijte engelwortel verkocht als een oude specialiteit uit deze streek.

INFO EN OPENINGSTIJDEN

Maison du Marais Poitevin: Coulon 🔢, Pl. de la Coutume, www.maison-marais-poitevin.fr, apr.-juni, sept.-half nov. 10-13, 14-18, juli-aug. 10-13, 14-19.30 uur, € 7. Moerasrondleidingen.
Parc ornithologique Les Oiseaux du Marais Poitevin 🔢: St-Hilaire-la-Palud, Le Petit Buisson, www.oiseauxmarais poitevin.com. eind mrt.-Pasen, half sept.-Allerheiligen di.-zo. 14.30-19, Pasen-half sept. dag. 10-19.30 uur, € 8,50. Ook avondtochten en bootverhuur.
Abbaye de St-Pierre 🔢: Maillezais, juni-sept. dag. 10-19, okt.-mei dag. 9.30-12.30, 13.30-18 uur, € 6, tot 18 jaar gratis.

ETEN EN DRINKEN

Le Central in Coulon 🔢: 4, rue d'Autremont, tel. 05 49 35 90 20, www.hotel-lecentral-coulon.com, 2 pk vanaf € 78, *formule* € 18, menu € 21 (ma.-vr. 's middags), rest van het jaar

menu € 30-46, zo.-avond en ma. gesl. Familiehotel met vriendelijk ingerichte kamers. Het restaurant biedt verfijnde streekgerechten.

BOTEN EN KANO'S

Boottochten met commentaar, en **kanoverhuur** onder andere in Coulon, Arcais, St-Hilaire-la-Palud en Maillezais.

Île de Ré is ideaal voor families. Aan zo'n tafel met een weids uitzicht over zee blijft iedereen graag zitten.

Mondaine dorpen

Ars-en-Ré staat bekend als een dorp van prominenten, maar de mooien, rijken en machtigen willen hier niet te veel poespas – wat voor bijna de hele westhelft van Île de Ré geldt. Symbool van dit pittoreske dorpje is de zwart-wit geverfde kerktoren, waarvan de spits als een raket boven het romaanse portaal staat (rondleiding in toren via het Office de Tourisme apr.-Allerheiligen, € 4). Bij **St-Clément-des-Baleines** gaat het vooral om de ligging op de westpunt van het eiland. De **Tour des Baleines** die hier staat, is de oudste vuurtoren van Frankrijk (1682). Sinds 1854 wordt zijn taak overgenomen door de naburige **Phare des Baleines** (▶ blz. 29). Ook **Les Portes-en-Ré** is een dorp van prominenten op een discrete, afgelegen plaats: 's zomers kun je in de keurig verzorgde straatjes en bistro's bekende mensen spotten. In het laagseizoen is het vrij rustig. Nog rustiger is het dan trouwens in **Loix**: dit dorpje voorbij de zoutpannen is bijna een eiland op zich.

🏠 Bootjes in zicht
Hôtel de la Jetée
Bij de havenpier van St-Martin-de-Ré, met uitzicht op het water. Aardige kamers in pasteltinten en soms rood of blauw. Sfeervolle patio met teakmeubilair en palmen.

In St-Martin-de-Ré, 23, quai Georges-Clémenceau, tel. 05 46 09 36 36, www.hotel-lajetee.com, 2 pk vanaf € 98

🏠 Stil en stijlvol
Hôtel Hippocampe
Weg van alle drukte in het oude dorp La Flotte. De inrichting is van het portaal tot onder het dak in de lichte, neomaritieme stijl van Île de Ré. Gezellig hotel met eenvoudige, sfeervolle kamers.

In La Flotte, 16, rue du Château-des-Mauléons, tel. 05 46 09 60 68, www.hotel-hippocampe.com, 2 pk vanaf € 66

🏠 Gemoedelijke sfeer
Le Sénéchal
Charmant herenhuis in het dorp Ars-en-Ré. De kamers hebben iets van design. Ontspannen pensionsfeer, patio met zwembad en ontbijtterras.

6, rue Gambetta, tel. 05 46 29 40 42, www.hotel-le-senechal.com, 2 pk € 70-295

🍽 Happy few
Chai nous comme Chai vous
Er zijn slechts twintig couverts, knusser kan bijna niet. En iedereen in La Flotte wil hier eten. De keuken biedt onder meer sardines in drie bereidingsvormen en zeeduivelspies met kokosmelk.

In La Flotte, 1, rue de la Garde, tel. 05 46 09 49 85, vr.-di., *formule* € 20 ('s middags), menu € 25-42

🍴 Gewoon goed
L'Aîle de Ré
In vroegere vissershutten serveert men in Le Bois-Plage-en-Ré heerlijke gerechten met vis en mosselen van het houtvuur voor redelijke prijzen. Aardige bediening. Vrijdag is gambasdag.
In Le Bois-Plage-en-Ré, Raise Flottaise, Le Morinand, tel. 05 46 09 29 87, dag., *formule* € 14-18, menu € 29

🏛 Markten
La Flotte: dag. in de middeleeuwse hal. Niet goedkoop, maar beter dan menige delicatessenzaak.
St-Martin-de-Ré: dag., 's winters ma. en wo. gesl. Allerhande producten in de markthal.

🏛 Zout
La Cabane des Sauniers
De verkoopkraam van de lokal zoutboeren is beslist een bezoekje waard.
In Ars-en-Ré, Rte. de la Prée, www.sel-de-mer.com

🏛 Confituren
Le Jardin de Lydie
Meer dan vijftig soorten confituren van vruchten uit de eigen tuin.
In Le Bois-Plage-en-Ré, 23, rue de l'Église, www.lejardindelydie.com

☼ Mojito's en muurschriften
Cubana Café
De mojitos van dit café zijn legendarisch. Zo denken ook veel gasten erover, die zich met hun naam op de muur vereeuwigd hebben. Haal de stift dus maar tevoorschijn.
In St-Martin-de-Ré, Venelle de la Fosse Bray, 's zomers di.-zo. 18-2 uur, anders wo.-zo.

☼ Aan de kade
Aux Frères de la Côte
Deze visserskroeg in Ars-en-Ré is een mooie plek voor een ontspannen drankje aan het eind van de middag, liefst met een *assiette de crevettes roses*. Misschien speelt Michel Piccoli ook wel jeu de boules naast de bar.
Rte. de la Grange, tel. 05 46 29 04 54

☼ Zwemmen en zonnen
Eindeloze stranden van La Couarde tot Ste-Marie-en-Ré vormen de **'gouden kust'** van Île de Ré. In Le Bois-Plage-en-Ré ligt het naturistenstrand **Plage des Folies**. Kitesurfers hebben een voorliefde voor **Plage de la Conche** op de westpunt. Voor stand up paddling-verhuur, surfles en zeilles ga je naar **Plage des Gollandières** in Le Bois-Plage-en-Ré.

☼ Fietsen
Het eiland is een paradijs voor fietsers. In elke plaats vind je **verhuurders** (Fun Cycles, Rhéa Vélos, Tout à vélo) – Île de Ré is overdekt met een netwerk van (thematische) fietsroutes.

❶ Info en evenementen
Île de Ré Tourisme: ZAC des Mirambelles, Rue des Embruns, 17580 Le Bois-Plage-en-Ré, tel. 05 46 09 00 55, www.iledere.fr. Plaatselijke toeristenbureaus in alle plaatsen op het eiland.
Soirées Jazz en Ré: eind aug. 4 dagen jazzconcerten in de straten van St-Martin-de-Ré, www.jazzenre.fr.
Fête de la Mer: 15 aug. feest ter ere van de zee in St-Martin-de-Ré. Vissersboten varen uit en een groot vuurwerk.

Fouras 🔖 D 3

Bij dit belle-époquebadplaatsje staan houten hutten op hoge palen in het water van de Atlantische Oceaan. Vanuit die hutten laten vissers vierkante netten vallen. De zee zorgt voor de rest. In een mum van tijd spartelen er krabben, palingen en schollen in de netten – de visrijke wateren van Charente-Maritime zijn legendarisch. In de Allée ostréicole (Oesterlaan) in het noordwesten van Fouras woont de grootste concentratie oesterkwekers van Frankrijk.

Forten als monument
Het **Fort Vauban** stamt in eerste instantie al uit de 15e eeuw, maar is grondig verbouwd door Vauban, de beroemde

 # 3

Een prachtige vesting – St-Martin-de-Ré

'In een onrustig land waartoe Engelsen en Hollanders, en dus mensen met een geloof dat indruist tegen het onze, eenvoudig toegang hebben, is het noodzakelijk dat er altijd een paar vestingen zijn,' schreef de vestingbouwer Vauban in 1685. Hij breidde St-Martin-de-Ré op het voor de kust van La Rochelle gelegen Île de Ré uit tot de mooiste vestingstad van Frankrijk.

OVERIGENS

De strategische ligging speelt ook aan de westkant van Île de Ré een rol: hier moest de **Tour des Baleines** 7 (1669-1682) de toegang tot de haven bewaken. In 1854 werd een nog hogere toren, de **Phare des Baleines** 8, als vuurtoren in bedrijf genomen.

Vanuit de lucht gezien vormen de vestingmuren van St-Martin-de-Ré een halve ster, die aan de noordkant tegen de kust ligt. Een geweldig uitzicht over de 14 km lange vestingmuren heb je vanaf de toren van de weerkerk **St-Martin** 1. De beklimming vergt nog wel enige inspanning: er zijn 117 treden te gaan.

UNESCO-vestingstad

Waarom heeft St-Martin-de-Ré eigenlijk als enige van het dozijn Vaubanlocaties een plaats op de UNESCO-Werelderfgoedlijst gekregen? Aan de westkant van de eilandhoofdstad begrijp je waarom. Je komt hier via een stenen brug en de prachtige stadspoort **Porte des Campani** 2. Twee

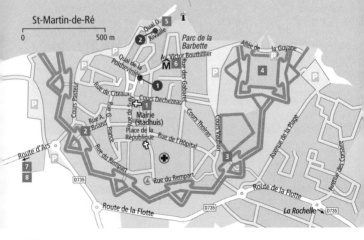

St-Martin-de-Ré

0 — 500 m

elegante gebouwen voor de manschappen van de wacht staan aan de stadszijde. Volgens een identiek patroon is aan de oostkant van St-Martin-de-Ré de **Porte Toiras** 3 gebouwd. Deze twee stadspoorten uit de 17e eeuw zijn ook in de 20e eeuw nog de enige toegang tot de stad.

Achter tralies

De vestingwerken worden aan de noordoostkant gecompleteerd door een **citadel** 4. Met vijfhonderd ingezetenen is dit de grootste gevangenis voor mensen met een langdurige gevangenisstraf van Frankrijk. Van buiten zie je daar overigens niets van. Het bolwerk is vrij toegankelijk tot het rijk met steenhouwwerk versierde barokportaal. Bij de citadel behoort ook een door hoge stenen muren omringd haventje.

Omgekeerde wereld: vanuit de lucht zie je de stervorm van de vesting het best.

Om zelf aan te raken

Via de met schietgaten en wachttorens omzoomde weergang kom je bij de **haveningang** 5 – ook deze werd uiteraard beschermd door verdedigingswerken. Iets verderop vind je het **Musée Ernest-Cognacq** 6. Een zaal van dit eilandmuseum is gewijd aan Vauban. Het belangrijkste object is een maquette van St-Martin-de-Ré, die je ook gewoon mag aanraken. De maquette omvat alle locaties die je net hebt bezichtigd.

> ▶ **INFO**

Als je meer wilt weten over Vauban en zijn superieure verdedigingswerken, neem dan een kijkje op **www. sites-vauban.org**.

INFO EN OPENINGSTIJDEN

Église St-Martin 1: Rue du Palais, feb-11 nov. 10 uur-zonsondergang, juli-aug tot 23.30 uur, € 2.
Musée Ernest-Cognacq 6: 13, av. Victor Bouthillier, www.musee-ernest-cognacq.fr, sept.-juni wo.-vr., ma. 10-12.30, 14-17/18, za.-zo., feestdagen 14-17/18, juli-aug. wo.-ma. 10-19 uur, € 4/2,50.
Phare des Baleines 8: apr.-mei 10-19, juni-sept. 9.30-21, okt.-mrt. 10.30-17.30 uur, www.lepharedes baleines.fr, toren € 3,20, met museum € 6,50.

ETEN EN DRINKEN

La Martinière 1 is de beste ijssalon van het eiland. Soorten als nectarine-jasmijn, oester-kaviaar of camembert-kersen klinken behoorlijk gewaagd – maar smaken super (17-19, quai de la Poithevinière, Pasen-Allerheiligen 10.30-22/23 uur). Als het wat meer mag kosten, kun je uitstekend eten in de trendy visbistro **L'Avant-Port** 2, waar je op het terras kunt genieten van gegrilde tarbot of zeevruchtenrisotto – met uitzicht op de haven (8, quai Daniel-Rivaille, tel. 05 46 68 06 68, www.lavantport. com, 12.30-14, 19.30-22 uur, *formule* € 28, menu € 34, lunch tot € 49).

Uitneembare kaart: C 2 | **Duur:** 1/2 dag te voet

vestingbouwer van Lodewijk XIV. In het museum is de ontwikkeling van Fouras van vissersdorp tot belle-époquebadplaats te zien. Via 122 treden bereik je het terras met een fantastisch uitzicht over de eilanden van Charente-Maritime en de kust (fort dag. 9-19 uur, gratis; museum juni-sept. di.-zo. 10-12, 15-18.30, € 3,80 met terras). Net als Fort Vauban diende ook **Fort Enet** (openingstijden afhankelijk van het getij) de kust te beschermen tegen aanvallen vanaf zee. Bij eb is het fort te voet bereikbaar vanaf de Pointe de la Fumée (2 uur heen en terug). Vanaf deze positie kon het fort de toegang tot de monding van de Charente bewaken.

🏠 Uitstekende faciliteiten
Camping Le Cadoret

Grote camping met zwembad, minigolf, en een aantal plaatsen aan zee. Zeilen en kajakken vlakbij. Heel aardige ontvangst. Bd. de Chaternay, tel. 05 46 82 19 19, www. campings-fouras.com, € 15-24 voor 2 personen, ook campers, vanaf € 280 per week

🏠 Charme van weleer
Grand Hôtel des Bains

Dit hotel ademt de goede oude sfeer van het zomerverblijf, en de renovatie geeft nieuw elan. Helaas kijkt slechts één kamer uit op zee.

15, rue Général Bruncher, tel. 05 46 84 03 44, www.grandhotel-desbains.com, 2 pk vanaf € 67

🍴 Fruits de mer, wat nog meer?
La Fumée

Een maritieme entourage en zeevruchten met onder andere uitzicht op Fort Boyard te midden van de golven van de Atlantische Oceaan.

Pte. de la Fumée, tel. 05 46 84 60 38, half aug.-half juli ma. gesl., *formule* € 15, menu € 21 (ma.-vr. lunch), anders € 29-45

🌊 Zwemmen en zonnen

Gezellig strand bij de stad; er zijn nog meer stranden op loopafstand.

ℹ️ Informatie
Office de Tourisme: Av. du Bois-Vert, tel. 05 46 84 60 69, www.rochefort-ocean.com.

IN DE OMGEVING

Keizerlijk toevluchtsoord

Het slechts 3 x 0,5 km grote **Île d'Aix** was in 1815 de laatste plek waar Napoleon zich verschanste voordat hij zich overgaf en in ballingschap naar Sint Helena werd gestuurd. Het Musée Napoléon herinnert hieraan (apr.-sept. 9.30-12, 14-18, okt.-mrt. wo.-ma.

Het Fort Liedot ligt op Île d'Aix: hier kun je door de geschiedenis van Frankrijk wandelen – of huppelen.

9.30-12.30, 14-17.30 uur, € 4,50). Een 7 km lange kustweg loopt rond het eiland (veerboten vanaf Pte. de la Fumée, dag., www.service-maritime-ile-daix.com).

Schateiland

Fort Boyard werd in 1804 op een zandbank ten westen van Fouras gebouwd. Het ovale bouwwerk was geregeld een filmlocatie en dient ook als decor bij een gelijknamige gameshow op televisie met uitstekende kijkcijfers (boottocht zonder aan te leggen met Croisières Fourasine of Croisières Alizé vanaf Pte. de la Fumée, reserveren via het Office de Tourisme).

Rochefort D 3

De toevoeging 'sur-Mer' waarmee Rochefort (26.000 inwoners) wel eens pronkt is misleidend, want het stadje ligt niet echt aan zee, maar een paar kilometer landinwaarts. In de 17e eeuw werd Rochefort net ten oosten van de monding op de rechteroever van de Charente gebouwd, waarna het eeuwenlang voor militaire doeleinden werd gebruikt. Sinds het vertrek van de marine in 2002 zet het stadje in barokstijl in op zijn rijke bouwkundige erfgoed.

Museum van de Franse marine

De 374 m lange, in 1666 aan de Charente als touwslagerij voor de koninklijke marine gebouwde La Corderie Royale biedt nu in de zuidvleugel plaats aan het **Centre international de la Mer**. In dit aan de scheepvaart gewijde expositiecentrum is een film te zien over de geschiedenis van het arsenaal van Rochefort. Met diorama's en wisselende tentoonstellingen geeft het een beeld van de tijd toen hier wel 200 m lange scheepstouwen werden vervaardigd (Jardin de la Marine, www.corderie-royale. com, apr.-sept. dag. 10-19, okt.-begin jan., feb.-mrt. 10-12.30, 14-18 uur, € 9). Iets verderop is het **Musée National de la Marine** gehuisvest in het barokpaleis Hôtel de Cheusses, vroeger de zetel van de marinecommandant. In een passende

Michel Begon, een wereldreiziger uit Rochefort, bracht niet alleen de tulpenboom en de magnolia vanuit Virginia mee naar Frankrijk. Een plant uit zijn bagage is vervolgens zelfs naar hem genoemd: de **begonia**. Meer hierover vind je in het Conservatoire de la Bégonia, een kas met de belangrijkste begoniaverzameling van het land (La Prée horticole, 1, rue Charles-Plumier, www.begonia-rochefort.fr, juli-aug. di., do. 9.30-12, anders tijdens rondleiding mei-sept. di.-vr. 14.30, 15.30, 16.30, za. 15.30, 16.30, feb.-apr., okt.-nov. di.-vr. 15.30, 16.30 uur, € 4,50).

entourage wordt de geschiedenis van de Franse marine uit de doeken gedaan met scheepsmodellen, boegbeelden en vlaggen (1, pl. de la Galissonnière, www.musee-marine.fr, apr.-sept. 10-19, anders 13.30-18.30 uur, jan. gesl., € 6, tot 26 jaar gratis).

Vierkant hart

Place Colbert is het vierkante plein in het midden van de in een schaakbordpatroon aangelegde stad. Het voorname plein wordt opgeluisterd met het stadhuis, een barokfontein en een gebouw in rococostijl. 's Zomers dragen de caféterrassen bij aan een levendige sfeer.

Handel en wandel

In het **Musée des Commerces d'autrefois** is te zien hoe de marinehaven zich in de loop van drie eeuwen ontwikkelde tot een bedrijvige handelsstad. De particuliere eigenaars Christine en Jean-François hebben winkels, restaurants en werkplaatsen uit de periode 1900-1945 gered en tonen de nostalgische interieurs nu in een oud pakhuis (12, rue Lesson, www.museedescommerces. com, sept.-juni 10-12, 14-18/19, juli-aug. 10-20 uur, € 6,70).

🛏 **In marinesfeer**
La Corderie Royale
Lichte, comfortabele kamers in een barokgebouw van de koninklijke artillerie. Restaurant met zicht op de Charente.
Rue Audebert, tel. 05 46 99 35 35, www.corderieroyale.com, 2 pk vanaf € 95, restaurant za.-middag, zo.-avond, nov.-mrt. ook ma. gesl., menu vanaf € 24

🛏 **Palmen op de patio**
Le Palmier sur Cour
Chambres d'hôte in een 19e-eeuws woonhuis. Geslaagde mix van moderne inrichting en antiek. Binnenplaats met palmbomen.
55, rue de la République, tel. 05 46 89 72 55, www.palmiersurcour.com, 2 pk met ontbijt vanaf € 85

🍴 **Voor een perfecte lunch**
La Villette Bar Brasserie
Keuken zonder fratsen, vriendelijke bediening en goede prijs-kwaliteitverhouding: kortom een fijne brasserie.
15, av. Charles-de-Gaulle, tel. 05 46 99 05 72, dag. behalve zo. alleen 's middags, dagschotel € 10, menu à la carte ongeveer € 20

🍫 **Calorierijk**
Le Palais du Chocolat
Lekkere bitterkoekjes, verfijnde chocolade en rumtaart.
25, av. Charles de Gaulle, zo.-ma. 's ochtends gesl.

ℹ️ **Informatie**
Office de Tourisme: Av. Sadi-Carnot, tel. 05 46 99 08 60, www.rochefort-ocean.com. Aantrekkelijke stadspas die ook geldig is in Fouras, op Île d'Aix en nog meer.

IN DE OMGEVING

Plattelandssfeer
Brouage (www.hiers-brouage-tourisme.fr) was tot 1670 een florerende zouthaven. Tegenwoordig ligt het vestingstadje 3 km van zee en lijkt het op zoutvelden te drijven. De glorietijd eindigde met het verzanden van de baai. Gebleven zijn de vestingmuren (vanwaar je bij goed weer 20 km ver kunt kijken) en een enorme graanschuur, die nu in gebruik is als museum over de vestingarchitectuur (Halle aux vivres, juli-aug. 10-19, anders 10.30-18 uur, € 3).

Île d'Oléron 📖 C 3/4

Een beetje onwerkelijk troont Fort Louvois bij Bourcefranc-Le Chapus boven het water; bij eb is het te voet bereikbaar. Naar het 30 km lange en 6 km brede Île d'Oléron is naast het fort van Vauban wel een brug aangelegd. Weliswaar is het toerisme in economisch opzicht de oesterteelt, groenteteelt en zoutwinning voorbijgestreefd, maar het eiland met 20.000 inwoners is overwegend authentiek gebleven, ook al varieert dat per dorp.

Uitzicht op de duinen
St-Trojan-les-Bains is een wat karakterloze badplaats te midden van mimosastruiken en een bos van zeedennen van 2000 ha. Het mooist is het 15 km lange **Grande Plage**, waar je op de duinen ook een weids uitzicht over oesterbanken en zoutvelden hebt. **Le Château d'Oléron** werd in de 17e eeuw versterkt door Vauban. Op de grote Place d'Armes van dit vestingstadje staat een fraaie renaissancefontein. Een zomerse attractie zijn de **cabanes des créateurs**. Deze kleurige houten hutten zijn geïnspireerd op de oude hutten van oesterkwekers en dienen als atelier voor kunstenaars en vervaardigers van kunstnijverheid (apr.-dec. www.couleurs-cabanes.fr).

Levendige sfeer
St-Pierre d'Oléron, de hoofdplaats van het eiland, verrast met leuke pleinen, straatjes met winkels en het Musée de l'Île d'Oléron (www.oleron-nature-culture.com, apr.-juni, sept.-okt. 10-12, 14-18, juli-aug. 10-19, anders di.-zo. 14-18, € 4,50). Dit museum in een 17e-eeuws pand is gewijd aan de geschiedenis van het eiland. **La Cotinière** is de belangrijkste haven van Charente-Maritime, met

Creatieve mensen op Île d'Oleron: de kunstenares Maija-Liisa woont en werkt in een van de vroegere oesterkwekershutten, die nu vaak als atelier dienen.

wel honderd schepen en een visafslag *(criée)* – een sfeervolle drukte. Het dorpje **Boyardville** wordt beheerst door zeilers en pleziervaarders. Vanaf het strand zie je over het water het ovale Fort Boyard (1804) – het is niet te bezichtigen, maar je kunt er met een boottocht omheen varen (Croisières Inter-Îles vanaf jachthaven, www.inter-iles.com). **St-Denis d'Oléron** is de toeristische hotspot van het eiland. 's Zomers is het toeristenbureau tot middernacht geopend en bruist het leven in de straatjes rond de romaanse kerk. De mooie stranden en de nabije **Phare de Chassiron** maken het extra aantrekkelijk. Bij deze vuurtoren op de noordpunt van het eiland hoort een museum (www. chassiron.net, apr.-juni, sept. 10-12.15, 14-19, juli-aug. 10-20, anders 10-12.15, 14-17 uur, museum en vuurtoren € 5).

🏠 Back to the roots
Camping Indigo Oléron Les Pins
Geen stacaravans, maar wel grote tenten met compartimenten van zeildoek en hout in St-Trojan. In de omgeving niets dan zeedennen en aangenaam veel schaduw. Bijna 2 km buiten het dorp in het bos op de zuidpunt van het eiland. In St-Trojan-les-Bains, 11, av. des Bris, tel. 05 46 76 02 39, www.camping-indigo.com, afhankelijk van seizoen en grootte € 16-26 voor 2 personen; ook verhuur van volledig uitgeruste tenten, afhankelijk van seizoen € 24-791

🏠 Maritiem design
L'Albatros
Aardige ontvangst, prachtige ligging aan zee, kamers met coole maritieme inrichting. Restaurant met weids uitzicht. In St-Trojan-les-Bains, 11, bd. Dr Pineau, tel. 05 46 76 00 08, www.albatros-hotel-oleron.com, 2 pk vanaf € 85, *formule* € 19, menu € 33

🏠 Charmant en prijzig
Les Jardins d'Aliénor
Het oude postkantoor van Le Château d'Oléron biedt slechts acht kamers – chic en charmant. Verfijnd restaurant. In Château d'Oléron, 11, rue du Maréchal-Foch, tel. 05 46 76 48 30, www.lesjardinsdalienor.com, 2 pk vanaf € 110, *formule* € 19, menu vanaf € 35, juli-aug. 's middags, anders di.-middag, ma. gesl.

🏠 À la plage!
Hôtel de la Plage
Fraai authentiek gebouw met tuin vlak bij het strand. Eenvoudige, keurige kamers die niet duur zijn. In La Cotinière, 51, bd. du Capitaine Leclerc, tel. 05 46 47 28 79, www.oleronhotel.com, 2 pk vanaf € 58

🍴 Echt strandrestaurant
Café de la Plage
Het enige echte strandrestaurant van het eiland met tafels die in het zand staan en verse visgerechten. Fantastisch uitzicht op zee.

Harde schaal, zachte kern – **de oesters van Marennes**

 # 4

Het 6000 ha grote Bassin de Marennes is het belangrijkste oesterteeltgebied ter wereld. Jaarlijks wordt hier 40.000 tot 50.000 ton van deze schaaldieren verkocht, de helft van de totale Franse productie. Het is de moeite waard een kijkje bij de oesterkwekers te nemen.

▶ INFO

Allerlei weetjes over oesters vind je op **www. huitresmarennes oleron.info**.

In dit gebied zijn ruim zevenhonderd oesterkwekers werkzaam, onder wie Freddy Videau. In zijn hal bij de haven van **St-Trojan-les-Bains** 1 legt hij aan bezoekers uit waardoor de Marennes-oester zich onderscheidt: 'Als een oester na ongeveer drie jaar de juiste grootte heeft bereikt, wordt hij minstens een maand lang bewaard in een van de duizenden kleine bassins langs de monding van de Seudre.'

Kinderkamer voor oesters

Deze kleine bassins heten *claires*, ofwel oesterputten, en hebben een mengeling van zoet en zout water. Hier rijpt de oester verder en krijgt dankzij een alg een groene kleur. *Fine de claire* betekent dat de oester hier minstens een maand lang zit met maximaal 3 kg oesters per vierkante meter, *spéciale de claire* minstens drie maanden met maximaal 10 oesters per vierkante meter, *pousse en claire* vier tot acht maanden met maximaal 5 oesters per vierkante meter. En de smaak? 'Notig en zoutig tegelijk,' zegt Freddy.

Sfeervol oesterkwekersdorp

Vanaf de brug over de Seudre-monding (D728 E) zie je een mozaïek van spiegelende wateroppervlakken. In dit *claire*-gebied komen overigens weinig vakantiegangers. Toch is het kwekersdorpje **Mornac-sur-Seudre** 2 met zijn middeleeuwse markthal en romaanse weerkerk beslist een bezoek waard. Met daarbij nog een paar kronkelstraatjes en een wandelpad over de dijk is het eigenlijk een van de 'mooiste dorpen van Frankrijk'.

Twee van de zevenhonderd oesterkwekers aan het werk bij het Bassin de Marennes.

Hoe zit het met die oesters?

Ten zuiden van **Marennes** **3** staan langs de oever van de kaarsrechte Cayenne talloze kleurige *cabanes* van de oesterkwekers. Een van die hutten is van Jacques Baron en Dominique Richiero, die onder de naam 'Le Marais de l'Isle' bezoekers kennis laten maken met hun vak. Aan de steiger ligt de platte schuit waarmee ze de schaaldieren uit het oesterpark halen om ze in de *claires* achter de hut te plaatsen. In de hut worden de oesters gesorteerd en ontdaan van aangegroeide mosselen.

De verschillende stappen in het proces worden uit de doeken gedaan in **Cité de l'Huître** **4** aan de overkant van de Cayenne. In de nagebouwde *cabanes* worden films vertoond over de geschiedenis van de Marennes-oesters, de bijzonderheid van deze schaaldieren en de teelt ervan.

N
NOG IETS

Een interessant boottochtje voert tussen de oesterbanken door (vanaf de haven La Cayenne met de Ville de Marennes, dag., tel. 05 46 85 20 85). Je kunt ook gewoon te voet een wandeling van 3,8 km maken langs de oesterputten *(claires)* van de **Cité de l'Huître** **4**.

INFO EN OPENINGSTIJDEN
La Cité de l'Huître **4**: Marennes, Voie de la Cayenne, www.cite-huitre.com, apr.-juni, sept. wo.-zo. 11-19, juli-aug. dag. 10.30-20, okt. za.-zo. 11-18 uur, € 9.

BIJ DE OESTERTELER
Huîtres Videau: Chemin de l'Abreuvoir, St-Trojan-les-Bains **1**, tel. 05 46 76 03 85, ma.-vr. 8-12, 14-18, juli-aug. dag. 8-19 uur.
Le Marais de l'Isle: Marennes **3**, Ave. Dulin, tel. 05 46 85 61 32, juni-sept.

OESTERS, OESTERS EN OESTERS
Een mooi terras, soepele bediening en een beetje loungesfeer vind je bij **Le Buccin** **1**. Gegratineerde oesters, zeevruchten en vis eveneens (Marennes, Port de la Cayenne, tel. 05 46 36 33 47, www.restaurant-le-buccin-marennes. com, jan.-half feb. gesl., menu € 20-42). Een goed alternatief is **Établissement Fabrice Billeau** **2**, een oesterbar met een paar stoelen die oesterteler Fabrice

Billeau aan de oever van de Seudre neerzet (Marennes, Port de la Cayenne, tel. 05 46 85 34 61, mei-half sept. 10-21 uur, oesterproeverij vanaf € 8, menu € 16-20).

SPORT EN ACTIVITEITEN
Les Chemins de la Seudre **1** is een fietsoute van 78 km lang rond het Bassin de Marennes – voor het grootste deel autovrij!

In Boyardville, Plage de Boyardville, tel. 05 46
47 24 45, mrt.-okt. enigszins onregelmatig,
juni-sept. dag., menu € 15 (lunch) tot € 25

🍷 Trendy
Le Relais des Salines
Hippe bistro in een voormalige oester-
kwekershut in Le Grand Village-Plage. Op
de kaart staan vis en oesters.

In Le Grand Village-Plage, Port des Salines, tel.
05 46 75 82 42, ma. gesl., menu € 23 (doordeweek 's middags), à la carte ongeveer € 35

🎨 Kunstnijverheid
Les Cabanes des Créateurs
In diverse plaatsen, vooral in Le Château
d'Oléron.

🎨 Wijn van het eiland
Tardet-Pradère
Wijnen van Vignoble d'Oléron (wit) in
St-Pierre d'Oléron.

In St-Pierre d'Oléron, 57, Les Châteliers,
tel. 05 46 47 03 12

🌊 Zwemmen en zonnen
Zandstranden aan de noordoostkant
van St-Denis d'Oléron tot Boyardville,
aan de zuidwestkant van Les Huttes tot
St-Trojan-les-Bains. **Naturisten** kunnen
terecht op Plage des Saumonards bij
Boyardville en Plage de Vert Bois bij Le
Grand Village.

🌊 Duiken
Plongée Bouteille Oléron
Materiaalverhuur en lessen in Le Château
d'Oléron en La Cotinière, tel. 05 46 75 08
34, www.plongeebouteilleoleron.com.

🌊 Volop watersport
Diabolo Fun
Surfen, zeilen, stand up-paddling bij
St-Denis d'Oléron, Plage des Huttes, tel.
05 46 47 98 97, www.diabolofun.com.
Nog meer locaties, ook met surfen, body-
surfen, strandzeilen, kajakken en meer.

ℹ️ Informatie
Maison du Tourisme Île d'Oléron
et du Bassin de Marennes: 22, rue
Dubois Meynardie, 17320 Marennes, tel.
05 46 85 65 23, www.oleroneiland.nl.

Blauw is de Franse Atlantische Oceaan.

Royan 🗺 D 5

**Bij de bevrijding door de gealli-
eerden in 1945 werd Royan, een
mondaine badplaats uit de belle
époque (18.000 inwoners), vrijwel
helemaal platgebombardeerd.
Toch is Royan een van de mooiste
verrassingen langs de Atlantische
kust, met zowel een fantastisch
strand als de sierlijke architectuur
van de wederopbouw.**

Fifties forever
Aan de groene strandpromenade **Front
de Mer** staat een bijna 600 m lang wit
appartementencomplex met arcaden en
kersenrode loggia's. Aan de voet van dit
complex uit de jaren vijftig staan paviljoens met daken van golvend beton.

Bruut beton
De **Notre-Dame** die de Place Notre-Dame domineert, is in de ogen van
sommigen een futuristisch bouwwerk

van staal en beton (1955-1958) met een markante toren, in de ogen van anderen is deze kerk gewoon een monsterachtige betonkolos. Aantrekkelijker van vorm is de **Marché Central**. Deze markthal (1955-1956) in de Rue H. Mériot heeft een golvende betonkoepel die sinds 2002 als monument wordt beschermd. Het aanbod bij de kraampjes is geweldig – de markt is de grootste in de hele regio (half juni-begin sept. dag., anders di.-zo.).

Wederopbouw in het museum
Meer over de wederopbouw en de geschiedenis van de stad kom je te weten in het **Royan Musée**. Dit stadsmuseum geeft in een markthal uit de jaren 50 in de wijk Pontaillac met affiches, borden, alledaagse voorwerpen van vroeger en maquettes, kaarten en foto's een beeld van de wederopbouw (31, av. de Paris, wo.-ma. half juni-half sept. 10-12.30, 15-19.30, half sept.-half juni 9-12, 14-18 uur, € 5).

Strand en belle époque
De wijk **Quartier du Parc** achter de (strand)boulevard Frédéric Garnier is grotendeels gespaard gebleven tijdens de bombardementen van 1945. Je ziet hier dan ook nog de sierlijke gevels, torentjes, erkers en daklijsten in de art-nouveaustijl van rond 1900.

🏠 Fifties met zeezicht
Hôtel Trident-Thyrsé
Het hotel in een pand van de jaren 50 wordt geflankeerd door villa's uit de belle époque. Het staat boven de strandboulevard. Licht en cool met uitzicht op zee.
66, bd. Frédéric Garnier, tel. 05 46 05 12 83, www.letridentthyrse.fr, 2 pk vanaf € 49

🍴 Net gevangen
Les Filets Bleus
In een maritieme ambiance serveert men visgerechten. Dit is het beste restaurant van Royan.
14, rue Notre-Dame, tel. 05 46 05 74 00, di.-za., *formule* € 17, menu € 19 (doordeweek 's middags), anders € 30-60

Weet je welke drie torens in Frankrijk als eerste bescherming kregen als **monument**? De twee torens van de Notre-Dame in Parijs en die van de Phare de Cordouan. En dat gebeurde al in 1862, het eerste jaar van de Franse monumentenzorg.

🍴 Gezellige drukte
Koud-à-Koud
Het recept is eenvoudig: volop tapas en drankjes met uitzicht op zee; daarbij twee terrassen, cool design en mooi strand.
1, plage du Chay, tel. 05 46 38 51 99, apr.-sept. wo.-ma., juli-aug. dag. tot 2 uur, *formule* € 18 (lunch), menu vanaf € 25

⚙ Grotachtig
La Maison Blanche
Met zijn labyrint van grotachtige vertrekken en mozaïekwanden lijkt het een ontwerp van de Catalaanse architect Gaudí. Het is een geweldige partyplek, en dan ook nog met een zwembad.
Plage de Nauzan, Vaux-sur-Mer (2 km van Royan), www.maisb.fr, half mrt.-half sept. dag.

🌀 Zwemmen en zonnen
Door rotsen omgeven **zandbaaien** in de richting van St-Palais: Conche de Foncillon, Conche du Chay, Conche du Pigeonnier, Conche de Pontaillac (populair). Langgerekt zandstrand La Grande Conche in de richting van St-Georges-de-Didonne.

🌀 Watersport
Station Nautique du Pays Royannais
Watersportcentrum met aanbod op acht locaties: stand up paddling, catamarans, bootjes, kitesurfen, strandzeilen en meer.
10, rue de la Tartane, tel. 05 46 23 47 47, www.nautisme-royan-atlantique.fr

ℹ Informatie
Office de Tourisme: 1, bd. Grandière, tel. 05 46 05 04 71, www.royan-tourisme.com.

Op bezoek bij engelen –
Saintes en Saintonge

In de middeleeuwen beleefde het in de oudheid gestichte Saintes een tweede bloeiperiode. In de stad aan de Charente en haar omgeving, Saintonge, verrezen tal van romaanse kerken met een bijzondere architectuur. Ze nodigen uit tot een tocht door deze betoverende provincie.

De gotische torenspits van **St-Eutrope** **1** domineert de wijk rond het antieke amfitheater van **Saintes**. In de grotachtige crypte onder de kerk ligt het stoffelijk overschot van een bisschop uit de 2e eeuw (ingang buiten aan de noordkant). De in 1096 door paus Urbanus II ingewijde kerk is een toonbeeld van de romaanse architectuur in Saintonge. Helaas is de westkant (voorgevel) met zijn twee torens in de 19e eeuw gesloopt.

Wie kijkt hier nu uit naar engelen?

Als in een romaans prentenboek

Zo'n verwoesting bleef de **Abbaye aux Dames** **2** in het oosten van de stad bespaard. Dit was in 1047 het eerste nonnenklooster van Saintonge. Typerend voor de bouwstijl van Saintonge is de cilindervormige spits van de vieringtoren. Het dak is bedekt met stenen in visschubbenpatroon, met daaronder een verdieping met twaalf door dunne zuilen gescheiden dubbele vensters. De twee verdiepingen van de westgevel zijn elk van drie arcaden voorzien, wat ook een kenmerk is van het romaanse Saintonge. Het middenportaal is getooid met tal van figuren, zoals engelen, martelaars en muzikanten. Een hand, als symbool voor God, zegent de mensen die de kerk betreden. Ook de kapitelen van de zuilen die tussen de arcaden staan, zijn rijkelijk versierd met ridders en demonen.

Nog meer middeleeuwse demonen

Langs zacht glooiende graanvelden en de wijngaarden van de regio Cognac ga je naar **Rétaud** **3**. De dorpskerk St-Trojan dateert uit de 12e eeuw. Vooral het veelhoekige koor met de twee rijen arcaden is rijkelijk versierd met figu-

OVERIGENS

Zin om het klooster in te gaan? Nee, niet voor altijd. Je kunt nu overnachten in de vroegere cellen van de **Abbaye aux Dames** **2**. Verwacht niet al te veel comfort: slechts twee van de sober ingerichte cellen hebben een eigen badkamer (tel. 05 46 97 48 33, www. abbayeauxdames.org, 2 pk € 52-95).

ren: dieren, gezichten, maar ook een jager wiens pijl het hert op het volgende kapiteel raakt. Aan de westkant kijken vanaf een fries hoofden naar beneden. Binnen wordt de aandacht getrokken door de *litre funéraire,* een op het steen geschilderd fresco met de wapens van gestorven edelen.

Van ontwapenende eenvoud is de kerk in **Thaims** 4 (11e eeuw). Aan de noordkant zijn resten van een Gallo-Romeinse villa blootgelegd, binnen kun je links naast de ingang een luik in de vloer openen waaronder de Romeinse vloerverwarming te zien is. In een nis in het koor zijn antieke vondsten te zien, zoals een beeltenis van de Gallo-Romeinse godin Epona, een kindersarcofaag en brokstukken van marmer.

Overdadig steenhouwwerk

De dorpskerk van **Rioux** 5 (omstreeks 1160) vertegenwoordigt de laatste fase van de romaanse tijd in Saintonge. Het van onder tot boven versierde koor doet overladen aan en kronkelende ornamenten lijken beweging in de muren te brengen. Het portaal beslaat bijna de hele breedte van de westgevel. In een mandorla erboven troont Maria met het Jezuskind.

Voor een heel andere ervaring met de kerken van het oude cultuurlandschap is er het Festival de Saintes. Dit hoogstaande muziekfestival met (klassieke) concerten wordt in de tweede helft van juli gehouden in de **Abbaye aux Dames** 2 en de romaanse kerken van Saintonge (informatie over Cité musicale: tel. 05 46 97 48 48, www. festival-de-saintes.org).

INFO EN OPENINGSTIJDEN
Office de Tourisme de Saintes et de la Saintonge: Saintes, Pl. Bassompierre, tel. 05 46 74 23 82, www.saintes-tourisme.fr.
Openingstijden van de kerken: meestal 9-19 uur, anders kun je de sleutel vragen bij de *mairie* (stadhuis).

ETEN EN DRINKEN
Saveurs de l'Abbaye 1 is het coolste restaurant van Saintes. Moderne keuken in een authentieke entourage – *daurade à la plancha* met gesauteerde groente en ingelegde citroenrasp. Ook enkele kamers met zicht op de Abbaye aux Dames (1, pl. St-Pallais, Saintes, tel. 05 46 94 17 91, www.saveurs-abbaye.com, zo.-ma. gesl.,

menu ma.-vr. lunch € 18, anders € 32, 38 of 48, 2 pk vanaf € 64).

Uitneembare kaart: E 4/5 | **Duur:** 1 dag met de auto

Weids uitzicht vanaf de Phare de Cordouan.

IN DE OMGEVING

Oudste vuurtoren van Frankrijk
De **Phare de Cordouan** (🕮 C 5)
11 km van Royan (www.littoral33.
com/cordouan) waakt al vier eeuwen
bij de monding van de Gironde. Twee
maatschappijen varen naar de vuurtoren
vanaf Royan (Royan Croisières, www.
royancroisieres.fr, en Croisières la Sirène,
www.croisiereslasirene.com; excursie
van halve dag met bezichtiging van de
vuurtoren ongeveer € 40).

Hoog boven de rivier
Talmont (🕮 D 5) troont hoog boven
de monding van de Gironde. Aan de
steile kant trotseert de dorpskerk Ste-
Radegonde weer en wind. Het is een
mooi voorbeeld van de romaanse stijl
van Saintonge (▸ blz. 38) met zware
zuilen die voor de eeuwigheid gemaakt
lijken te zijn.

Apenrots
De D25 van Ronce-les-Bains naar
St-Palais-sur-Mer voert langs de zeedennen en steeneiken van het **Forêt
Dominiale de la Coubre**. Dit fraaie
traject loopt langs de Côte de Beauté,
ofwel 'kust der schoonheid'. Af en toe
zie je tussen de boomstammen door
de Atlantische Oceaan. Aan het strand
zie je hoge duinen en fijn zand zo ver
het oog reikt. Je kunt een uitstapje
maken naar **Pointe de la Coubre**,
waar een vuurtoren staat (toegang
Pasen-eind sept. 10-12.30, 13.30-18

uur, € 3). Verder naar het zuiden ont-
moet je een kolonie flamingo's in het
water tussen het groen, en op een rots
een kolonie chimpansees: *bienvenue* in
Zoo La Palmyre (apr.-sept. 9-19, okt.-
mrt. 9-18 uur, www.zoo-palmyre.fr,
€ 17). Verderop is **St-Palais-sur-Mer**
(www.saint-palais-sur-mer.com) een
belle-époquevoorstadje van Royan.

Saintes 🕮 E 4

**Het is nu nauwelijks te geloven,
maar in de oudheid was Saintes
(26.000 inwoners) de hoofdstad
van Aquitania. Het provinciestad-
je is nu vooral bekend door het
muziekfestival in de zomer. Maar
een bezoek is ook zeker de moeite
waard vanwege de romaanse
kerken in de stad en de omgeving
(▸ blz. 38).**

Het Romeinse Saintes
Het **amfitheater**, dat in de 1e eeuw
n.Chr. onder de Romeinen werd gebouwd, is een van de grootste theaters
uit de oudheid in Frankrijk. De grote
ovale ruimte van 102 x 126 m bood
plaats aan 15.000 toeschouwers. Ook
als ruïne is het nog indrukwekkend
(Rue Lacurie, apr.-mei ma.-za. 10-18,
zo. 14-18.30, juni-sept. dag. 10-20,
okt.-mrt. dag. ma.-za. 10-12.30,
13.30-17 uur, € 3, rondleiding
juni-sept. € 6). De **Arc de Germanicus**
op de rechteroever van de Charente
(Esplanade André Malraux, gratis)

markeert het eindpunt van de Romeinse weg naar Lyon. De dubbele boog uit 18-19 n.Chr. diende als stadspoort. Pal ernaast is het **Musée archéologique** (Esplanade André Malraux, apr.-sept. ma.-za. 10-12.30, 13.30-18, okt.-mrt. di.-zo. 14-17 uur, € 2, tot 18 jaar gratis) gevestigd in een 19e-eeuws slachthuis. Hier zie je vondsten uit de Gallo-Romeinse tijd: resten van tempels, graven, vaatwerk, speelgoed. De wat nonchalante presentatie wekt de indruk dat je in de schatkamer van een particuliere verzamelaar rondloopt.

Het romaanse Saintes
Van de **Cathédrale St-Pierre** (Pl. du Synode, 9-19 uur) uit de 12e eeuw resteert alleen nog de koepel van de zuidelijke zijbeuk. De rest van de kathedraal stamt uit de 15e-17e eeuw. Een meesterwerk van de romaanse religieuze bouwkunst in Saintonge is de kerk **St-Eutrope** (▶ blz. 38). De voormalige **Abbaye aux Dames** op de rechter Charente-oever is de tweede romaanse kerk van de stad (▶ blz. 38). Hier huist nu de Cité de la Musique, die het beroemde Festival de Saintes organiseert.

Mooi uitzicht
De **Belvédère du Logis du Gouverneur** achter het vroegere ziekenhuis (toegang via Rue Bernard) markeert het hoogste ppunt van de stad. Op het paviljoen kun je genieten van een weids uitzicht over de daken van de oude stad en de omgeving.

⌂ Romantisch
Hôtel des Messageries
Gezellige kamers in een rustige omgeving.
Rue des Messageries, tel. 05 46 93 64 99, www.hotel-des-messageries.com, 2 pk vanaf € 90

🍴 Frisse wind
L'Adresse
Hier krijg je in een moderne entourage eigentijdse streekgerechten voorgeschoteld door jong personeel – dit adres schudt de goede oude stad wakker.
48, rue St-Eutrope, tel. 05 46 94 51 62, di.-za., *formule* € 16, menu € 19 (doordeweek 's middags), anders € 32-48

🛒 Markten
Veel streekproducten.
di., vr. Place du 11-novembre, wo., za. Place St-Pierre, do., zo. Avenue Gambetta

🚤 Boottochten
Van juli tot september liggen bij de Arc de Germanicus excursieboten klaar voor tochtjes over de Charente. Je hebt keus uit de traditionele houten Ville de Saintes, de normale rivierboot Bernard Palissy II en elektrische bootjes om zelf te besturen (www.saintes-tourisme.fr).

ℹ Info en evenementen
Office de Tourisme de Saintes et de la Saintonge: Pl. Bassompierre, tel. 05 46 74 23 82, www.saintes-tourisme.fr.
Festival de Saintes: 2e helft juli, www.festivaldesaintes.org. Uitstekend muziekfestival (overwegend klassiek) in de Abbaye aux Dames en de romaanse kerken van Saintonge.

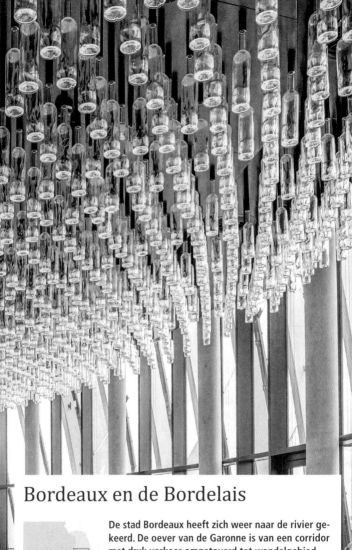

Bordeaux en de Bordelais

De stad Bordeaux heeft zich weer naar de rivier ge-
keerd. De oever van de Garonne is van een corridor
met druk verkeer omgetoverd tot wandelgebied
met een futuristische architectuur, hippe bars en
coole winkels. Daarmee is Bordeaux meteen een
grote trekpleister voor een citytrip geworden. Ook
het hele oude stadsdeel heeft een radicale verjongingskuur ondergaan. Nu heerst er een levendige drukte in de mooie
straatjes, op de voorname boulevards en de gezellige pleinen. Daarnaast stellen in Bordelais, mogelijk de meest prestigieuze wijnregio van
Frankrijk, veel chateaus hun kelders open voor bezoek. Santé!

Bordeaux 🗺 E 9

Op de ranglijst van Franse steden neemt Bordeaux een van de hoogste plaatsen in; voor velen is het zelfs nummer één. Deze grootste stad aan de Atlantische kust (stad 241.000, agglomeratie 851.000 inwoners) heeft een verjongingskuur ondergaan die harmonieus aansluit bij het historische erfgoed. Gebeeldhouwde Neptunusfiguren, smeedijzeren balkonhekken en pompeuze gevels sieren de rivieroevers van Bordeaux, waar de reders van de rijke handelsstad zich in de 17e en de 18e eeuw vestigden. Tussen al deze barokke pracht gaan jongeren graag pootjebaden in het ondiepe water van de futuristische fontein Miroir d'Eau. Over voetenwerk gesproken: bijna de hele oude stad is verkeersluw of autovrij gemaakt. Centraal hierbij stond de 'terugkeer' van de stad naar de oevers van Garonne, die de belangrijkste podia van Bordeaux werden (▶ blz. 48). Ook aan sportliefhebbers is gedacht: aan de rand van de stad begint een fietspad dat over een voormalig spoortraject naar Entre-Deux-Mers

O
OVERIGENS

Skaters uit alle landen, als je naar Bordeaux komt, neem je skates dan mee! Op de eerste zondag van de maand behoort Bordeaux toe aan **skaters, fietsers en voetgangers**. Van 9 tot 18 uur blijven de auto's staan. Twee skatetochten trekken honderden deelnemers (4 of 15 km). Op de laatste vrijdag van de maand is het asfalt nogmaals het parcours voor talloze skaters: om 20.30 uur begint dan de 'Nuit des Rollers' (www.airoller.fr).

(▶ blz. 56) leidt. In het noorden lonkt Médoc met fraaie kastelen en superieure wijnen (▶ blz. 58).

BEZIENSWAARDIGHEDEN

Levendige oude stad
De **Place de la Comédie** is de prachtige entree tot de levendige oude stad. Het plein wordt gedomineerd door het classicistische, met zuilen en beelden getooide **Grand Théâtre** 1 (1773-80). Een bedrijvige winkelstraat is de 1,2 km lange **Rue Ste-Catherine**, die kaarsrecht loopt en het begint markeert van het **Quartier St-Pierre**. Het hart van de gezellige en grotendeels autovrije straatjes van de uitgaanswijk is de knusse **Place St-Pierre** met de middeleeuwse **Église St-Pierre** 2. Barokpaleizen, scheefstaande muren uit de middeleeuwen, dorpsachtige hoekjes, een veelheid aan bars en bistro's, en de bruisende drukte tot diep in de nacht doen denken aan het Parijse Marais. Aan de zuidkant vormt de Cours Victor Hugo de grens met het naburige Quartier St-Michel. De **Grosse Cloche** 3, zoals de vestingachtige Porte St-Éloi liefdevol wordt genoemd, staat precies op de grenslijn. Deze stadspoort uit de 13e-18e eeuw (juni-sept. 13-19, okt.-nov. za. 14-17 uur, € 5) maakte deel uit van de tweede middeleeuwse stadsmuur, die over de Cours Victor Hugo liep. Hierachter is Bordeaux een andere stad: de populaire wijk rond de **Basilique St-Michel** 4 (14-16e eeuw) en de markt op de **Place Canteloup** zijn een mix van volksbuurt, uitgaanswijk en Noord-Afrikaanse soek.

Chique 'Gouden Driehoek'
Bordeaux heeft ook zijn chique kant. **Triangle d'Or** 5 is een voorname wijk die in de driehoek ligt van **Cours Georges Clemenceau**, **Cours de l'Intendance** (autovrij) en de lindenlaan **Allée de Tourny**. Hier vind je chique restaurants en luxe winkels die een sfeer ademen van pompeuze deftigheid of elegante eenvoud. In de stadspaleizen in deze wijk woont de oude geldadel

van de stad, die een gesloten gemeenschap vormt. Iets minder voornaam is het verder naar het zuiden in de straten rond het **stadhuis** 6 in laatbarokke Louis XV-stijl (rondleiding wo. 14.30, vr. 10 uur, € 5), dat oorspronkelijk in 1771 werd gebouwd als bisschoppelijk paleis. Pal ernaast staat de **kathedraal St-André** 7 (rondleiding di.-zo. 14.30-18 uur). Een supermoderne verlichting van het in het Bordeaux van de 21e eeuw toonaangevende architectenbureau King Kong verleent het gotische godshuis en de eromheen zoemende tram 's avonds een coole uitstraling. De vrijstaande laatgotische toren van de kathedraal, de **Tour Pey Berland** (1440-1446), kun je beklimmen voor een prachtig uitzicht over de stad (juni-sept. dag. 10-13.15, 14-18, okt.-mei di.-zo. 10-12.30, 14-17.30 uur, € 5,50, tot 25 jaar gratis).

Charmante gebouwen

Wie nu nog niet verliefd op Bordeaux is, valt uiteindelijk voor zijn charme in het **Quartier des Chartrons**. In deze voormalige wijk van de wijnhandelaars zijn de pakhuizen en handelshuizen verbouwd tot appartementen en antiekzaken. Het is hier wat minder druk dan in de oude stad en wat minder gereserveerd dan in de deftige wijken. Toch heeft de gentrificatie

N
NOG IETS

Museumbar? Klinkt normaal gesproken niet erg sexy, maar **Bar Le Bois di Vin** (138, rue Notre-Dame, 18-2 uur), die het **Musée du Vin et du Négoce** 9 aan de overkant van de straat heeft geopend, is een uitzondering. De *apéritifs* met *pintxos* (Baskische tapas) en afterwork parties zijn legendarisch.

hier toegeslagen in de mooie huizen met puntgevels, de **markthal** 8 in de Rue Sicard (markt di.-za. 7-13, do., vr. 16-19 uur) en de kasseienstraatjes: hier wonen jonge mensen die heel goed verdienen en vertrouwd zijn met biologische producten en kobevlees. In deze wijk documenteert het **Musée du Vin et du Négoce** 9 (41, rue Borie, www.mvnb.fr, ma., wo.-za. 10-18, zo. 14-18 uur, € 10 met proeverij) de geschiedenis van de wijnhandel van Bordeaux. In het zuiden van de wijk is het **CAPC – Musée d'Art Contemporain** 10 ook een symbool van de nieuwe ontwikkelingen in Chartrons (7, rue Ferrère, www.capc-bordeaux.fr, di., do.-zo.

Bordeaux inspireert! Op de Place de la Comédie gebeurt altijd wat. Hier komen de hoofdroutes van de stad samen en heerst steevast een levendige drukte.

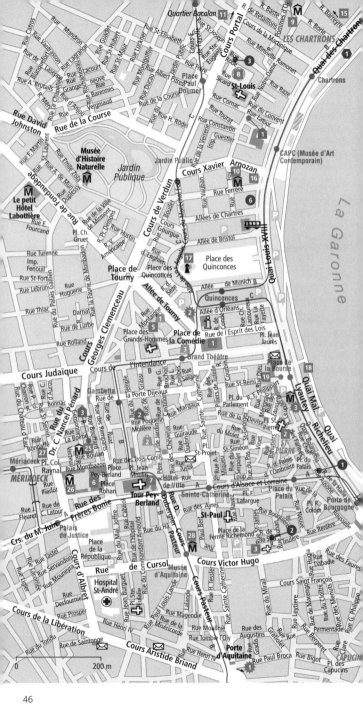

BORDEAUX

Bezienswaardig

1. Grand Théâtre
2. Église St-Pierre
3. Grosse Cloche
4. Basilique St-Michel
5. Triangle d'Or
6. Stadhuis
7. Kathedraal St-André
8. Markthal
9. Musée du Vin et du Négoce
10. CAPC – Musée d'Art Contemporain
11. Base sous-marine
12. Cité du Vin
13. Cap Sciences
14. Hangar 14
15. Galérie des Chartrons
16. Bourse Maritime
17. Monument aux Girondins
18. Miroir d'Eau
19. Fontaine des Trois Grâces
20. Caserne des Pompiers de la Benauge
21. Leeuwensculptuur
22. Gare d'Orléans
23. Pôle universitaire de Sciences de Gestion
24. Jardin Botanique
25. Musée des Arts Décoratifs et du Design
26. Musée des Beaux-Arts
27. Galérie des Beaux-Arts
28. Musée d'Aquitaine

Overnachten

1. Hôtel Notre-Dame
2. Mama Shelter
3. Une chambre en ville
4. Seeko'o

Eten en drinken

1. C'Yusha
2. Potatoe Head
3. El Nacional
4. Chez Alriq
5. La Petite Gironde
6. La Table du Quai

Winkelen

1. Cadiot-Badie
2. Pâtisserie Baillardran
3. L'Intendant
4. Quai des Marques

Uitgaan

1. Café Populaire
2. Bar à Vin
3. Le Grand Bar Castan
4. Pier 6

Sport en activiteiten

1. Roller Skate Parc

6

Ontwaakt uit een diepe slaap – **Bordeaux' nieuwe waterkant**

De nieuwe oeverpromenade strekt zich over een afstand van 4 km langs de Garonne uit, van het middeleeuwse Quartier St-Pierre in het zuiden tot de voormalige loodsen in het noorden. Daar lonken trendy clubs met loungemuziek en terrassen met ligstoelen van Philippe-Starck. Tijd voor een heerlijk relaxte wandeling. ▼

Guinguettes, eenvoudige uitspanningen in de openlucht, waren er ooit volop langs de Garonne. Een hiervan bestaat nog en richt zich nu op een jong publiek met tapas, fish-and-chips, mosselen en muziek: **Chez Alriq ❹** (Port Bastide, Quai de Queyries, mei-okt. do.-zo., juli-aug. ook di.-wo., www.laguinguettechez alriq.com).

Belangrijk voor de sanering van de oevers van de Garonne was de neogaullistische burgemeester **Alain Juppé**. Zijn eerste daad na zijn verkiezing in 1995 was het autovrij maken van de kaden. In 2004 moest hij aftreden wegens een affaire met partijdonaties. Maar toen was het **rivierpanorama** al grondig veranderd.

Het is nauwelijks te geloven dat de oever van de Garonne jarenlang ontsierd werd door armoedige pakhuizen en stukken braakliggende grond, die het uitzicht op de prachtige façade van Bordeaux verknoeiden. Tien jaar lang was Bordeaux een enorme bouwput, maar nu is de stad volledig veranderd. De overlast is zeker niet voor niets geweest: aan de Garonne is de stad mooier dan ooit.

Veel nieuws in het noorden

Neem eerst tram B van de Place des Quinconces naar de halte Bassins à Flots en wandel dan langs de Quai de Bataclan een eindje terug de stad in. Zo kom je bij Hangar 20, een loods die is verbouwd tot **Cap Sciences** 🔢. Het is nu een complex waar men het publiek door tentoonstellingen en workshops vertrouwd wil maken met nieuwe technologieën en wetenschappelijke ontwikkelingen.

Aan de kade nodigen terrasjes uit om even lekker te zitten. In het winkel- en outletcentrum **Quai des Marques** 🔢 in loodsen 15-19 vind je ruime winkels met jeans, kleding, delicatessen, reisbagage en designmerken. Hierachter staat de spierwitte, door het architectenbureau King Kong ontworpen kubus van **Hotel Seeko'o** 🔢 als een ijsberg tussen de gesaneerde loodsen – de naam van het hotel betekent dan ook 'ijsberg' in het Inuit.

Wijn, skates en kunst

Ter hoogte van de historische wijnhandelaarswijk Chartrons is **Hangar 14** 🔢, die net als de overige loodsen uit de jaren dertig van de vorige eeuw stamt, verbouwd tot een expositieruimte voor moderne kunst en evenementen. De loods heeft nu een façade van glas en plexiglas en is met zijn 5400 m² een groot laboratorium voor alternatieve kunst geworden. In het 2350 m² grote **Roller Skate Parc ❶** ernaast is een monumentaal fresco van het graffiticollectief Full Color te zien.

Hiertegenover leidt bij Quai des Chartrons 89 een doorgang naar de **Galérie des Chartrons 15**. Deze passage met naar buiten stekende loggia's met rood glas is over de hele lengte overdekt met een verfijnde constructie van metaal en glas. Dit ensemble is geïnspireerd op vergelijkbare passages tussen de oude wijnpakhuizen in de wijk.

In de waterspiegel

Terug naar de kaden. Soepel glijdt de tram, waarvan de eenvoudige, maar elegante haltes ontworpen zijn door stedenbouwkundige Elisabeth Portzamparc, over de Quai de la Douane langs het prachtige barokgebouw van de **Bourse Maritime 16** en de gevels van grote handelaars- en rederspaleizen. Gebeeldhouwde Neptunusfiguren, smeedijzeren balkonhekken, balustraden en pompeuze gevels sieren hier de oever. Daartussen staat op de grote Esplanade des Quinconces te midden van platanen het **Monument aux Girondins 17**, een enorme fontein ter ere van de girondijnen en de republiek. Met 12 ha is dit naar de Garonne geopende plein een van de grootste in Europa. Aan de kant van de rivier staan twee zuilen met beelden die handel en scheepvaart symboliseren.

Jongeren gaan graag pootjebaden in het ondiepe water van de fontein **Miroir d'Eau 18**. Het is dan ook bijzonder aangenaam na een wandeling. Elke 20 minuten stijgt het water een paar centimeter en zakt dan weer tot de sproeiers in de bodem alleen nog maar een nevel produceren. Deze fontein van Jean Max Llorca is sinds de voltooiing in 2006 een nieuw symbool van Bordeaux geworden. Rond de fontein liggen weelderig bloeiende plantsoenen ter hoogte van de **Place de la Bourse** uit 1729-1755. Op dit plein staat een oudere variant, de **Fontaine des Trois Grâces 19** uit 1869.

INFO EN OPENINGSTIJDEN
Cap Sciences 13: www. cap-sciences.net, di.-vr. 14-18, za.-zo. 14-19 uur, € 8.
Quai des Marques ⓐ: www.quaidesmarques. com, di.-zo. 10-19 uur.
Hangar 14 14: tel. 05 56 11 99 00, www. bordeaux-expo.com.
Roller Skate Parc ❶: dag. 9-22 uur.
Galérie des Chartrons 15: ma.-vr. 7-20, za. 7-17 uur.

OVERNACHTEN

Pal aan de Garonne staat het designhotel **Seeko'o ⓐ:** ruime kamers, deels in pop-design met felle kleuren (54, quai Bacalan, tel. 05 56 39 07 07, www. seekoo-hotel.com, 2 pk vanaf € 165).

ETEN EN DRINKEN

La Petite Gironde ❺ is een aardige bistro op de rechteroever van de Garonne met uitzicht op de mooie oever aan de overkant (75, quai de Queyries, tel. 05 57 80 33 33, www.lapetitegironde. fr, dag. ma.-vr. lunchmenu € 17, anders € 28-42). En dan is er nog **La Table du Quai ❻**, een trendy, moderne bistro met een ambitieuze keuken (17, quai Louis XVIII, tel. 05 57 30 99 05, zo.-ma. gesl., menu € 32-42).

Uitneembare kaart: E 9 | **Plattegrond:** blz. 46-47 | Lengte van de wandeling: ca. 4 km, duur: 2-3 uur

Geen gewone spiegel, maar een 'waterspiegel': de Miroir d'Eau. Bijzonder geliefd als verfrissing op warme zomerdagen.

11-18, wo. tot 20 uur, € 4, bijzondere exposities € 6,50, tot 18 jaar gratis). Het museum voor hedendaagse kunst, waar het accent ligt op arte povera, landart en minimalisme, is ondergebracht in een pakhuis voor koloniale waren uit 1824. Fijne extra's zijn het mooie dakterras en een door van Andrée Putman gestyled café (momenteel gesl.). In hetzelfde pand geeft het **Centre d'architecture Arc en rêve** (www.arcenreve.com, di.-zo. 11-18, wo. tot 20 uur) een beeld van wat er in Bordeaux en in de internationale wereld van architectuur en design gaande is.

Wereldhoofdstad van de wijn

Aan de bouwkranen boven het **Quartier Bacalan** in het noorden is te zien dat Bordeaux bij de oude rivierhaven bezig is met de volgende stap in de nieuwbouw van de stad. Op een gebied van 140 ha rond twee grote havenbas-sins wordt een ecologische wijk van 5400 woningen gebouwd. Pionier in deze wijk was de **Base sous-marine** 11 (Bd. Alfred-Daney, di.-zo. 14-19, 's winters 14-18 uur, gratis). Deze vroegere Duitse duikbootbunker uit 1941 is nu een cultureel centrum met coole binnenverlichting en streetartexposities. Een belangrijke stap wat betreft architectuur was in 2016 de opening van **Cité du Vin** 12 (134-150, quai de Bacalan, 1, esplanade de Pontac, www.laciteduvin.com, € 20 met wijnproeverij, interactief tablet, bijzondere expositie). Dit themapark van € 81 miljoen is een opvallend bouwwerk van het Parijse bureau XTU architects en moet de reputatie van Bordeaux als 'wereldhoofdstad van de wijn' ondersteunen. Centraal staat het **Parcours permanent** op de tweede verdieping. Als een caleidoscoop tonen negentien thematische modules de verschillende facetten van het uit druiven gemaakte cult- en cultuurdrankje. Je begeeft je hier in een labyrint van aanraakschermen, interactieve installaties en multimedia-apparaten. De sleutel hiertoe is een elektronische 'reisbegeleider', een speciaal ontwikkeld tablet dat via een bewegingssensor animaties start. De gesproken tekst hierbij – met een keuze uit acht talen – via speciale koptelefoons maakt ook gesprekken tussen bezoekers mogelijk. Vanaf de **Belvédère** heb je een mooi uitzicht over de stad van de 21e eeuw. Een goed glas wijn maakt het tot een onvergetelijke belevenis.

Tweede kans door de 'rive droite'
De rechteroever van de Garonne was altijd een beetje het ondergeschoven kindje van Bordeaux. Dat is *fini!* Via de **Pont de Pierre** uit 1822 kom je op de *rive droite.* De met lantaarns getooide brug over de brede rivier bestaat uit zeventien bogen. Op de andere kant wordt de aandacht meteen getrokken door de knalrode balkons van de **Caserne des Pompiers de la Benauge** 20, een als monument beschermd wooncomplex voor brandweerlieden uit 1951-1954. De entree tot de wijk wordt gevormd door de **Place de Stalingrad**, waar de moderne hemelsblauwe **Leeuwensculptuur** 21 van Xavier Veilhan een sfeer van vernieuwing uitstraalt. Ten westen van de 'blauwe leeuw' is **Gare d'Orléans** 22, het oudste station in neobarokstijl van de stad, verbouwd tot het bioscoopcomplex Mégarama. Verder zijn er talloze nieuwe appartementengebouwen verrezen in de omgeving van het plein, dat via de Avenue Thiers in verbinding staat met de **Avenue Abadie**. Op nr. 35 zie je het futuristische complex van de **Pôle universitaire de Sciences de Gestion** 23.
De volgende bestemming is de **Jardin Botanique** 24 (park 's zomers 8-20, 's winters 8-18, kassen di.-zo. 11-18 uur). Deze moderne botanische tuin omvat elf biotopen die typerend zijn voor de regio Aquitanie. Met de houten omheiningen, de moderne kas en

de door Pascal Convert ontworpen toegangspoorten lijkt de tuin wel een groot kunstwerk. In 2007 is het terrein van de **Cité Botanique** gecreëerd door de tuinarchitect Catherine Mosbach: in deze kassen vind je planten en bloemen van het Middellandse Zeegebied.

MUSEA

Design in een historisch gebouw
Musée des Arts Décoratifs et du Design 25
In het voorname Hôtel de Lalande, een stadspaleis uit 1780, worden meubilair, porselein, glas- en zilverwerk uit de 17e-19e eeuw getoond. Bovendien zie je in de salons en het voormalige koetshuis tweehonderd designobjecten uit de periode van de jaren 70 tot heden.
39, rue Bouffard, wo.-ma. 14-18 uur, € 4, bijzondere exposities € 5, tot 18 jaar gratis

Kunst van de bovenste plank
Musée des Beaux-Arts 26
Dit pas gerenoveerde museum voor beeldende kunst toont een grote collectie schilderijen van de 15e-20e eeuw. Sinds de heropening komen de werken van Titiaan, Frans Hals, Jean-Baptiste Greuze, Matisse en Kokoschka beter tot hun recht. In de eveneens gerenoveerde **Galérie des Beaux-Arts** 27 ertenover vind je gelegenheidsexposities.
Musée: 20, cours d'Albret, www.musba-bordeaux.fr, wo.-ma. 11-18 uur, € 4; Galérie: Pl. du Colonel-Raynal, wo.-ma. 11-18 uur, € 6,50

Het verleden in alle facetten
Musée d'Aquitaine 28
Wist je eigenlijk dat Bordeaux vroeger een spil in de slavenhandel was? De collectie over de geschiedenis van de regio en de stad biedt twee accenten: de 'Engelse' periode van de 12e-15e eeuw en de 'gouden' 18e eeuw (1e verdieping). Alles komt aan bod: niet alleen de glorietijd van handel en wijnbouw, maar ook de schaduwzijde van de slavenhandel.
20, cours Pasteur, www.musee-aquitaine-bordeaux.fr, di.-zo. 11-18 uur, € 4, bijzondere exposities € 6,50, tot 18 jaar gratis

····································

ETEN, SHOPPEN, SLAPEN

····································

🏠 Overnachten

Budget in alternatieve wijk
Hôtel Notre-Dame

Leuk hotel in het Quartier des Chartrons. Eenvoudige gerenoveerde kamers, vriendelijke sfeer.

36, rue Notre-Dame, tel. 05 56 52 88 24, www.hotelnotredame33.fr, 2 pk vanaf € 64

Urban chic
Mama Shelter

Centraal gelegen, niet ver van de kathedraal, veel design, kaal beton en felle kleuren. Redelijke prijzen.

19, rue Poquelin-Molière, tel. 05 57 30 45 45, www.mamashelter.com, 2 pk vanaf € 70

Très Bordeaux
Une chambre en ville 🔳

Chic barokgebouw in de voor Bordeaux kenmerkende stijl van de 18e eeuw, met enkele elegante chambres d'hôte. Een bonus is de salon op de begane grond.

35, rue Bouffard, tel. 05 56 81 34 53, www. bandb-bx.com, 2 pk € 150-170

····································

🍴 Eten en drinken

Vanuit de tuin op tafel
C'Yusha ❶

Stijlvolle zaal met slechts een paar tafels en een chef-kok die kan omgaan met exotische kruiden en de groente in de eigen tuin kweekt.

12, rue Ausone, tel. 05 56 69 89 70, vr.-za. 's middags, zo.-ma. gesl., menu € 20 (doordeweekse lunch), anders € 34-45

Innovatoieve keuken
Potatoe Head ❷

Met wat geluk bemachtig je misschien een tafel in de tuin, maar de innovatieve gerechten smaken binnen niet minder. Lekker: aspergepompelmoessalade met zwezerik. Zondag brunch (11-14 uur).

27-29, rue Buhan, tel. 05 57 99 28 44, www. potatoeheadbordeaux.com, *formule* vanaf € 14 (lunch), menu vanaf € 24, brunch € 24

Bordeaux – Buenos Aires
El Nacional ❸

Hugo Naòn brengt midden in Bordeaux in een voormalige drukkerij Argentijnse gerechten op tafel – veel rundvlees en van de grill. Ook de wijnen zijn afkomstig uit zijn geboorteland. Buffet met salades en antipasti.

23 tot, rue Rode, tel. 05 56 19 22 76, www. elnacional.fr, ma.-za. *formule* vanaf € 12 (lunch), à la carte hoofdgerecht vanaf € 14,50

····································

🛍️ Winkelen

Luxewinkels vind je vooral in het Triangle d'Or. Modeketens hebben hun filialen in het voetgangersgebied van de **Rue Ste-Catherine** en de **Rue de la Porte Dijeaux** nabij het Grand Théatre. Voor casual kleding kun je terecht in het **Quartier de la Grosse Cloche** en in de **Rue Pas-Saint-Georges**. Antiek, tweedehands en design vind je in het **Quartier des Chartrons**.

Fijne chocolade
Cadiot-Badie 🔳

De bekendste chocolatier van de stad. De winkel uit 1826 is op zich al een bezoekje waard.

26, allée de Tourny, ma.-za.

Lekker lokaal
Pâtisserie Baillardran 🔳

Cannelés zijn 'geribbelde' koekjes met rum en vanille – en de specialiteit van Bordeaux. Lekker om een keer te proeven!

41, rue des Trois-Conils, dag., meer winkels in het centrum, www.baillardran.com

Wijn met design
L'Intendant 🔳

Achter de barokgevel leidt een 12 m hoge wenteltrap langs het assortiment van wel 15.000 flessen. Onderweg naar boven zie je de flessen staan in lichte houten kasten. Het principe is eenvoudig: op de 1e verdieping vind je wijnen tot € 15, op de 3e verdieping *seconds vins* (niet de allerbeste van een grote naam), op de 4e *crus classés* en

oude wijnjaren – hier kan een fles wel
€ 4000 kosten. Kijken kost niets.

2, allée de Tourny, www.intendant.com,
ma.-za. 10-19.30 uur

Markten

Quai des Chartrons : weekmarkt
zo.-ochtend, biomarkt do.-ochtend. **Place
Canteloup:** weekmarkt met oosterse kraampjes en veel koopjesbakken
za.-ochtend, tweedehands zo.-ochtend,
ma. alleen textiel. **Place des Capucins:**
di.-zo., goede producten en oesterbar.

··

🔥 Uitgaan

Van donderdag tot en met zaterdag is er
veel te doen in Bordeaux. Het middelpunt
van het uitgaansleven van studenten is de
Place Ste-Victoire; veel twintigers en
dertigers gaan naar **Quartier St-Pierre**
en **Quartier des Chartrons**. Het
Quartier Bacalan is sterk in opkomst en
ook op de rechteroever van de Garonne
is veel bedrijvigheid. Let op: Bordeaux
is geen Bronx, maar het is geen goed
idee om midden in de nacht alleen in het
gebied tussen Place Ste-Victoire en Place
des Capucins rond te lopen.

Look van de fifties
Café Populaire 🔥

Half bistro, half danstent. Het succes-
recept is de inrichting in de stijl van de
fifties met hits uit de eighties.

1, rue Kléber, www.cafepop.fr, di.-za. 20-2 uur

Trendy en mooi
Bar à Vin ②

De trendy wijnbar van Bordeaux met een
geweldige wijnkaart, kundige somme-
lier-service en kleine gerechtjes.

3, cours du XXX Juillet, tel. 05 56 00 99 30,
www.baravin.bordeaux.com, ma.-za. 11-22 uur,
glas wijn vanaf 4, kleine gerechten zo'n € 8

In een monument
Le Grand Bar Castan 🔥

Als sinds 1890 is het een ritueel om
hier onder de luifel plaats te nemen. De
inrichting van de zaal met art nouveau
en rocaille geniet bescherming als
monument. Grote keus aan whisky's.

2, quai de la Douane, dag. 9-2 uur

Dansen tot het licht wordt
Pier 6 🔥

De minimalistisch ingerichte zaal blijft
goed gevuld tot de dageraad. Deze
danstent in het Quartier Bacalan is

Bordeaux heeft een geschiedenis – en die zie je overal in de stad terug.

Als shoppen niet je ding is, kun je het proberen met windsurfen op land; in Bordeaux kijkt niemand vreemd op.

populair bij jongeren. Geen toegangsprijs, maar de prijzen voor drankjes zijn fors.
Quai Armand-Lalande, Hangar G2, Bassin à flot nr. 1, vr./za. 24-6 uur

INFORMATIE

Office de Tourisme de Bordeaux: 12, cours du XXX Juillet, tel. 05 56 00 66 00, www.bordeaux-tourisme.com. Goed materiaal, stadsplattegrond.
CityPass: meer dan dertig musea en bezienswaardigheden, openbaar vervoer en meer; 1/2/3 dagen € 23/28/33.
Conseil Interprofessionnel du Vin de Bordeaux: 1, cours du XXX Juillet, tel. 05 56 00 22 66, www.bordeaux. com. Alles over de wijnen van Bordelais, met tips voor trips, overnachten bij een wijnboer, wijn-workshops.

EVENEMENTEN

Bordeaux fête le vin: in de even jaren, zoals juni 2020, www.bordeaux-fete-le-vin.com. Wijnfeest met een 2 km lange 'wijnroute' langs de Garonne, proeverijen, aanbiedingen en excursies naar de wijnstreek. Het grootste evenement van de stad.
Bordeaux fête le fleuve: in de oneven jaren, zoals juni 2019, www. bordeaux-fete-le-fleuve.com. Rivierfeest met muziek, dans en theater, grote zeilschepen aan de kade en vuurwerk. Het op een na grootste evenement van de stad.

IN DE OMGEVING

Hoog boven de rivier
Het wijnstadje **Bourg** (2200 inwoners, 🕮 E 8) troont op een kalksteenheuvel met honinggele muren aan de waterkant en wijngaarden op de helling. Bij de pittoreske haven zie je de Dordogne, die in het noordwesten samenvloeit met de Garonne, waarna ze de Gironde, de 'Mississippi van Frankrijk' heten.
www.bourg-en-gironde.fr, www.cotes-de-bourg. com

Heel veel druiven
Van ver zichtbaar staat de door Vauban gebouwde citadel boven de Gironde en ook boven **Blaye** (5000 inwoners, 🕮 E 7), de hoofdstad van de in oppervlakte grootste wijnstreek van Bordelais. De wijngoeden worden net als overal in Bordelais 'chateau' genoemd, maar zijn toch eerder een boerderij. Imposant is wel de citadel: het complex van 33 ha lijkt wel een stad in een stad.
www.tourisme-blaye.com, www.vins-blaye.com

Eenzame vuurtorens
De **Pointe de Grave** (🕮 D 5) is de noordelijkste punt van de regio Médoc en steekt uit in de enorme riviermonding van de Gironde. Een markant symbool is de **Phare de Grave**. Deze vuurtoren biedt nu onderdak aan het

Musée des Phares et des Balises
(apr.-juni, sept.-nov. vr.-ma. 14-18, juli-aug. dag. 11-19 uur, anders alleen op
aanvraag, www.asso-cordoua.fr, € 3). Je
ziet hier een expositie over de vuurtorens en vuurbakens bij de Gironde. Interessant is vooral de informatie over de
Phare de Cordouan, die 11 km voor
de kust eenzaam op volle zee zijn taak
vervult (▸ blz. 40). Als je het allemaal
van dichtbij wilt bezien: de excursieboot
La Bohème II gaat zwoegend over de
golven van de Pointe de Grave naar de
vuurtoren zelf.
apr.-okt., www.vedettelaboheme.com, uitstapje
van 3,5 uur met bezichtiging van de vuurtoren,
€ 42

St-Émilion 🗺 F 9

**De wijngaarden rond het stadje,
die voor een van de beste rode
wijnen ter wereld staan, trekken
jaarlijks meer dan een miljoen
bezoekers. Slechts 40.000 van hen
gaan ook naar de bezienswaardigheden van St-Émilion (2000
inwoners): de meesten vergeten
dat St-Émilion meer dan een wijngaard is. Het charmante stadje met
zijn hoge stadsmuren staat wel
degelijk op de UNESCO-Werelderfgoedlijst. Overigens: voor hoge
hakken is het oude plaveisel in de
straatjes absoluut ongeschikt.**

Een plein voor alles en iedereen
Op **Place du Marché** staan geurende
acacia's en wisselen cafés en wijnhan-
dels elkaar af. In een hoek van het plein
staat de markthal, waar de lokale bevol-
king boodschappen doet. In een andere
hoek vind je de toegang tot de **Église
monolithe** (▸ blz. 55): de grootste
grotkerk van Europa (8e-12e eeuw,
alleen bij een rondleiding via het Office
de Tourisme te bezichtigen) verrast met
zuilen en altaren die uit het zachte kalk
zijn gehouwen. De vochtige koelte zorgt
nog altijd voor een middeleeuwse sfeer.
Aan het plein staat ook de **Chapelle
de la Trinité** (13e eeuw), die met

prachtige fresco's pronkt. In de **Grotte
de l'Ermitage** onder de kapel zou
Sint-Émilion zich in de 7e eeuw hebben
teruggetrokken.

In de catacomben
Onder het plaveisel van St-Émilion
gaan kunstmatige grotten schuil, die
samen meer dan 100 ha meten en over
vijf verdiepingen verdeeld zijn. **Les
Catacombes** stammen uit de vroege
middeleeuwen. Vele waren een laatste
rustplaats voor monniken en patriciërs,
nu worden ze vooral als wijnkelder
gebruikt. De 1 uur durende rondleiding
'Saint-Émilion Souterrain' die het
Office de Tourisme organiseert, is een
bijzondere ervaring (€ 7,50).

Duizend kastelen, één toren
Vanaf het terras van de middeleeuwse
Tour du Roi heb je een weids uitzicht
over de wijngaarden van Pomerol en
Fronsac. Als je rondkijkt vanaf deze
toren, die in de 13e eeuw als onderdeel
van een kasteel werd gebouwd, bespeur
je telkens weer een andere toren van
een kasteel: in de omgeving van St-Émilion zouden er zo'n duizend staan.
Rue du Château du Roy, juni-aug. dag.
11-18.45, sept. ma.-vr. 14-17.45, za.-zo.
11-17.45, okt.-nov. 11-12.30, 14-17 uur,
dec.-mei wisselende tijden, € 1,50

Wijn in kloostersfeer
Van de kruisgang van het **Cloître
des Cordeliers** resteren een paar
romaanse zuilen en van de kerk alleen

O **OVERIGENS**

Heb je ooit van Sint-Bruno gehoord?
Deze naam hebben archeologen
gegeven aan het skelet dat in
2003-2004 werd aangetroffen bij
opgravingen in de **Église monolithe**. Sindsdien waakt de in de kerk
getoonde schedel van de onbekende
dode over archeologen en bezoekers.

 # 7

G
GROENTE

Geen eten voor een picknick meegenomen? In de tuin van het **Musée gourmand Oh! Légumes Oubliés** bij Sadirac worden vergeten groentesoorten biologisch geteeld. In de bijbehorende winkel vind je sapjes, mosterd en allerlei soorten jam (apr.-okt. ma.-za. 14-18, half juli-half aug. 10-18 uur, € 10 met proeverij, www. ohlegumesoublies.com).

W
WIJN

Fietsen maakt dorstig. In een bijgebouw van de abdij biedt **Maison des Vins de l'Entre-Deux-Mers** ◼5 als aanvulling op het water een flinke keus aan streekwijnen, met fruitige rosés, frisse witte wijnen en heldere rode wijnen (juni-sept. ma.-za. 10-12.30, 14-17.30, okt.-mei ma.-vr. 10-12, 14-17 uur).

Oude spoorlijnromantiek – **op de fiets door Entre-Deux-Mers**

De Voie Verte 'Roger Lapébie', genoemd naar een wielerlegende uit de jaren 30, volgt een voormalig spoortraject. Alleen fietsers, skaters en voetgangers mogen gebruikmaken van de 54 km lange asfaltweg van Bordeaux naar Sauveterre-de-Guyenne. Een mooie route!

Vanuit de grote stad naar het platteland: het 'groene spoor' begint bij de Pont St-Jean in **Bordeaux** ◼1. Eerst fiets je 4 km stroomopwaarts langs de Garonne. De grote stad laat je geleidelijk achter je, terwijl het beeld bepaald wordt door villa's en vissershutten die op palen in het water staan. Vanaf **Latresne** ◼2 buigt de goed gemarkeerde route in oostelijke richting naar het hart van Entre-Deux-Mers, dat zijn naam 'tussen twee zeeën' dankt aan de rivieren Garonne en Dordogne, die het gebied in de tang nemen.

Tot **Créon** ◼4 volgt het licht stijgende pad de dichtbegroeide Vallée de la Pimpine. Het dorp is het eerste van enkele vestingdorpen langs de route. Deze nederzettingen werden in de middeleeuwen volgens een vast stramien gebouwd: het centrale plein wordt omringd door arcaden met daarboven woonhuizen. De markt op woensdag is een happening voor heel Entre-Deux-Mers.

Merkwaardige fantasiewezens

Ten oosten van Créon rijd je door een 400 m lange tunnel en dan door velden, bossen en wijngaarden naar de **Abbaye de La Sauve-Majeure** ◼5, die op 1 km van het pad op een heuvel troont. Het klimmetje is de moeite waard. Slangachtige wezens en betoverende vrouwenfiguren bevolken de zuilen van de abdijkerk uit 1079. In het koor hangen gebeeldhouwde druiventrossen. Ook als ruïne is het een fantastisch bouwwerk.

Het vroegere station van **Espiet** ◼6 herbergt nu Restaurant de la Gare. Er slingeren helmen en zadeltasjes rond, kinderen klauteren uit aanhangers.

Het begin van een mooie dag.

Op het terras schuiven de eigenaars Loïc en Frédéric tafeltjes bij elkaar voor groepen fietsers die voor de lunch hebben gereserveerd. In de schaduw van notenbomen staan ligstoelen. In de zaal fonkelt rosé in de glazen – jawel, *la vie est belle*.

Zacht glooiend omhoog en omlaag

Nu weer verder. Steeds weer zie je een romaanse kerktoren die je verleidt de route te verlaten, zoals in **St-Brice** 7, waar je een 3,5 km lange omweg naar **Castelviel** 8 kunt maken De romaanse dorpskerk heeft een prachtig portaal en kostbare kapitelen. Het laatste deel van de route voert grotendeels door wijngaarden naar **Sauveterre-de-Guyenne** 9. Dit fraaie vestingdorp uit 1281 is vrijwel intact gebleven met vier stadspoorten en een centraal plein met arcaden. Op dinsdag wordt er een levendige markt gehouden.

INFO EN OPENINGSTIJDEN
Abbaye de la Sauve-Majeure 5: La Sauve, www.la-sauve-majeure.monuments-nationaux.fr, juni-sept. dag. 10-13.15, 14-18, okt.-mei di.-zo. 10.30-13, 14-17.30 uur, € 7,50.

FIETSVERHUUR
Esprit Cycles 1: 27, rue Docteur Charles Nancel Ménard, tel. 05 56 58 78 34, www.espritcycles bordeaux.com, € 15/70 per dag/week, e-bike € 40/245 per dag/week.

ETEN EN DRINKEN
Heel geschikt aan de fietsroute gelegen is **Restaurant de la Gare** 6, met streekgerechten en wijnen van Entre-deux-Mers (Gare d'Espiet, tel. 05 57 24 36 17, ma.-wo. 's avonds gesl., zo.-avond alleen na aanmelding, lunchmenu € 14, diner € 18-24).

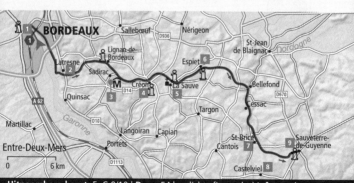

Wijn proeven bij wijnboeren van adel – de Route des Châteaux

De D2 loopt langs de topwijngaarden van Médoc. Onder de naam 'Route des Châteaux' trekt deze weg wijnliefhebbers uit de hele wereld. Dorpsnamen als Margaux of Pauillac staan voor wereldberoemde grands crus, die hun robuuste karakter aan de cabernet sauvignon en hun souplesse aan de merlot danken.

Het **Château du Taillan** 1 is een statig barokpaleis waar een vrouwelijke wijnboer de scepter zwaait. Armelle Falcy-Cruse is een *médocaine* van het eerste uur – net als Martine Cazeneuve, die in 1989 **Château de Paloumey** 2 met de wijngaarden in Ludon-Médoc kon kopen. Zij is afgestudeerd aan de handelshogeschool in Bordeaux en is moeder van drie kinderen. Het chateau uit de 19e eeuw is haar 'vierde kind'. Haar elegante rode wijn van Haut Médoc kun je leren kennen tijdens workshops en bij een bezichtiging.

Een uitstapje naar Arsac brengt je terug in de 21e eeuw. **La Winery** 3 is een futuristisch complex met 7000 m² aan glas, een park met sculpturen, duizend wijnen in de verkoop, waarvan vele uit eigen wijngaard, en een cool restaurant.

De hele groten

Vanaf Cantenac voert de route vrijwel alleen nog door wijngaarden. **Château Margaux** 4 is naar eigen zeggen de 'beroemdste wijngaard ter wereld', maar zelfs dit kasteel, waarvan de wijnen tot de exclusieve kring van *premiers grands crus classés* behoren, ontvangt bezoekers voor een bezichtiging van de kelders.

Pauillac 5, de wijnhoofdstad van Médoc, ligt aan de oever van de Gironde. Waar vroeger wijnvaten werden verladen, dobberen tegenwoordig jachten aan de kade. Maar het mooie stadje dankt zijn reputatie aan de wijnkastelen aan de noordkant. Hier vind je drie van de grote Châteaux des Médoc: **Château Mouton Rothschild** 6, waar

De keus aan wijnen is eindeloos groot. Rijd niet zelf als je uitgebreid wilt proeven.

De Duitse wijnhandelaar **Heinz Bömers** had tijdens de bezetting in de Tweede Wereldoorlog de opdracht de wijnen van Médoc in beslag te nemen. Bömers stuurde echter alleen middelmatige kwaliteit naar Duitsland – en kreeg na 1945 als dank een aanstelling op Château Lafite Rothschild.

je de kelder met wijnvaten kunt bezichtigen en waar een museum de cultuurgeschiedenis van wijn schetst, het beroemde **Château Lafite Roth-schild** , waar in de door Ricardo Bofill ont-

> ▶ INFO

Het gaat niet alleen over wijn: www.medoc-tourisme.com, www. medoc-bordeaux.com.

INFO EN OPENINGSTIJDEN

Château du Taillan 1: tel. 05 56 77 47 00, www.chateaudutaillan.com, ma.-za. 10-18 uur, zo. na reservering, € 7 met wijnproeverij, 'Visite gourmande' met schotel streekspecialiteiten € 15.
Château de Paloumey 2: ma.-vr. rondleiding met proeverij om 10.30, 14.30 uur, zo. op aanvraag, € 7, wijnworkshops.
La Winery 3: Arsac, Rond-Point des Vendangeurs (aan de D1), tel. 05 56 39 04 90, www.winery.fr, dag. in de zomer 10-20, okt.-mei 10-19.30 uur.
Château Margaux 4: rondleiding na aanmelding ma.-vr., tel. 05 57 88 83 83, www.chateau-margaux.com.
Château Mouton Rothschild 6: rondleiding na aanmelding, tel. 05 56 73 21 29, www.chateau-mouton-rothschild. com, € 15-45.
Château Lafite Rothschild 7: bezichtiging na aanmelding per mail (tijdig!), www.lafite.com, nov.-juli.
Château Cos d'Estournel 8: bezichtiging op aanvraag, tel. 05 56 73 15 50, www.estournel.com, gratis.
Château Loudenne 10: apr.-okt. rondleiding om 11, 14.30, 17.30 uur, www. chateau-loudenne.com; ook kamers.
Phare de Richard (vuurtoren) 12: mrt.-juni 14.30-18.30, juli-aug. dag. 11-19, sept.-Allerheiligen wo.-ma. 14-18 uur, rest van het jaar alleen za.-zo., € 2.

OVERNACHTEN

Château de Bayle 1: 123, chemin du Bord de l'Eau, Macau, tel. 06 28 32 71 51, www.123cheminduborddeleau. com, 2 pk met ontbijt vanaf € 99. Luxe designkamers in een bijgebouw van het wijngoed;.zwembad. Table d'hôte € 35-45.

Château Maucaillou 2: Moulis-en-Médoc, tel. 05 56 58 01 23, www. chambres-hotes-maucaillou.com, 2 pk met ontbijt vanaf € 110. Comfortabele chambres d'hôte in een wijnkasteel.
Château Mayne Lalande 3: 7, rue du Mayne, Listrac-Médoc, tel. 05 56 58 27 63, www.lescinqsens-bordeaux.com, 2 pk vanaf € 102. Chambres d'hôte met helder design; wellnessafdeling.

ETEN EN DRINKEN

Le Boc, het restaurant van de **Winery** 3 (di.-zo. 's middags, vr.-za. ook 's avonds na reservering, menu € 15-32), is supermodern en staat garant voor moderne, lichte gerechten. De koffie kun je op kleurige ligstoelen voor het terras drinken.

Goede samenwerking: het uitziften van slechte druiven is een tijdrovend klusje, maar veel handen maken licht werk.

worpen kelders wijnen liggen die tot wel twee eeuwen teruggaan, en het **Château Cos d'Estournel** 8 , waarvan de architectuur doet denken aan het paleis van een Indiase maharadja. De drempel voor spontane bezoekers is jammer genoeg hoog: bij de laatste twee chateaus moet je je van tevoren schriftelijk aanmelden.

De Gironde, een trouwe gids

St-Estèphe 9 sluit harmonieus bij de omgeving aan. Dit mooie wijndorpje ligt op een heuvel op enige afstand van de Gironde, waar langs de met riet begroeide oever een paar bootjes dobberen. **Château Loudenne** 10 , dat 2 km voor St-Yzans-de-Médoc staat, is ondanks zijn naam geen kasteel, maar een voormalig kartuizerklooster. Het Engelse park met onder meer een rosarium loopt af naar de Gironde en is betoverend mooi – van 1875 tot 2000 was dit complex eigendom van een Britse familie. In de wat victoriaans aandoende kelder is nu een klein **wijnbouwmuseum** ingericht. Aansluitend kun je de hier opgedane kennis testen met een glas wijn van het wijngoed van de huidige eigenaar Florence Lafragette. Er worden ook enkele kamers verhuurd.

Onderweg van St-Christoly-Médoc naar **Portde-Richard** 11 kijk je uit op moerassen, vissershutten die op palen in het water staan en de brede monding van de Gironde – een mooier uitzicht heb je alleen op het uitkijkplatform van de **Phare de Richard** 12 .

N
NOG IETS

De *médocaines,* een klein groepje enthousiaste vrouwelijke wijnboeren van Médoc, openden ruim tien jaar geleden hun eerste chateaus in de prestigieuze wijnregio. Zij laten ook zien hoe de wijnproductie verloopt: ga beslist naar hun **wijnproeverij**. Ze rekenen vol overtuiging af met het cliché van snobistische Médoc-boeren die onbenaderbaar zijn. Op de kastelen van de *médocaines* kun je tijdens een workshop je eigen médoc mengen uit druiven van de wijngaarden en deelnemen aan de wijnoogst.

nog een sfeervolle ruïne. Het klooster is nu particulier bezit en fungeert als wijngoed. De specialiteit zijn witte en rosé *crémants*, mousserende wijnen, die worden geschonken in de **Bar à bulles**. De tuin biedt knusse zitpaatsjes.

Rue des Cordeliers, www.lescordeliers.com, mei.-sept. ma.-vr. 11-19, za.-zo. 11-20, anders 14-18, apr., okt. za.-zo. tot 19 uur, klooster gratis, rondleiding € 7,50

🏠 B&B als alternatief
In de omgeving van St-Émilion vind je aardige **B&B's** voor redelijke prijzen.

🏠 Centraal en betaalbaar
Auberge de la Commanderie
Een van de weinige betaalbare hotels hier. Centraal gelegen, modern ingericht. De kamers in het bijgebouw ertegenover zijn het rustigst.

2, rue de la Porte-Brunet, tel. 05 57 24 70 19, www.aubergedelacommanderie.com, 2 pk vanaf € 85

🏠 In het wijnkasteel
Château de Môle
De vijf comfortabele kamers van dit kasteel uit 1760 kijken uit over de heuvels met wijngaarden in de omgeving.

Puisseguin (7 km nördl.), tel. 05 57 74 60 86, www.chateau-de-mole.fr, 2 pk met ontbijt vanaf € 105

🏠 Mooie vondsten in de paardenstal
Château Féret-Lambert
Slechts twee kamers, een gele en een rode, in een voormalig kartuizerklooster dat tot wijngoed verbouwd is. Beide zijn charmant, hebben een hoog plafond, oud parket en zijn met fraaie objecten ingericht. Winkel met art-deco-objecten.

Grézillac (14 km zuidwestelijk), mobiel 06 85 92 76 78, www.feret-labonnelle.com/hotes_feret.htm, 2 pk vanaf € 72

🍷 Wijnbistro
L'Envers du Décor
Smakelijke bistrokeuken en een zeer ruime wijnkaart – al meer dan veertig jaar een geslaagde combinatie.

11, rue du Clocher, tel. 05 57 74 48 31, dag., menu vanaf € 21 (doordeweekse lunch) tot € 40

🍷 Knus prieel
Les Marronniers
Van het terras met pergola heb je zicht op de kerktoren van St-Émilion. Entrecôte, zelfgemaakte pasteitjes. Met enkele kamers.

Montagne-St-Émilion (5 km noordelijk), 30, le Bourg, tel. 05 57 74 60 42, www.restaurant-les-marronniers.fr, apr.-okt. di.-zo. 's middags, nov.-mrt. di.-za. gesl., *formule* € 14, menu € 19 (lunch) tot € 35, 2 pk vanaf € 80

🏛 Mmm … macarons!
Macarons Chez Mme Fermigier
Deze bitterkoekjes zijn een lokale specialiteit. De met amandelen gebakken macarons doen overigens ook wel denken aan de Italiaanse *amaretti*. Een doosje met 24 macarons kost € 8,50.

9, rue Guadet, tel. 05 57 24 72 33

🏛 Wijnen van wereldklasse
Wijnkenners zullen verrukt zijn van de complexe, elegante rode wijnen met een zweem van donkere bessen van het **Château Canon la Gaffelière** (2 km ten zuiden van St-Émilion, tel. 05 57 24 71 33, www.neipperg.com) en de stevige donkerrode wijnen met aroma's van rode bessen en kaneel en een notig tintje van het **Château de Pressac** (St-Étienne-de-Lisse, 7 km oostelijk, tel. 05 57 40 18 02, www.chateaudepressac.com).

🚲 Fietsen
Rond St-Émilion vind je talloze fietsroutes. Voor kaarten en fietsverhuur kun je terecht bij het Office de Tourisme (mountainbike € 18 per dag).

❶ Info en evenementen
Office de Tourisme: Pl. des Créneaux, tel. 05 57 55 28 28, www.saint-emilion-tourisme.com.
La Jurade: 3e za. (in oneven jaren), anders 3e zo. van juni. Feest voor de nieuwe wijnoogst, met optocht van het wijngilde in vol ornaat en een feestelijke afkondiging van nieuwe leden.
Les Grandes Heures de Saint-Émilion: mrt.-dec., informatie via Office de Tourisme. Klassieke concerten op wijngoeden en in de kerken in en rond St-Émilion.

Zwemplezier in de Atlantische Oceaan: zelfs in september kan het water met 20 °C nog lauwwarm zijn.

Lacanau 🛱 C 8

Voor het strandplaatsje Lacanau-Océan ligt de Atlantische Oceaan met hoge golven en witte duinen, voor het oude dorp Lacanau ligt een 2000 ha groot binnenwater, met daartussen bos – dat is nog eens een gunstige omgeving. Lacanau (4600 inwoners) is in de zomer een populaire badplaats en een hippe hoofdstad van surfers uit alle landen.

🏕 Camping de luxe
Yelloh! Village Les Grands Pins
Camping met 600 plaatsen in de schaduw van bomen. Super uitgerust! Kinderclub, surfschool, wellnessafdeling, zwembad voor volwassenen, mountainbikepistes, veel activiteiten.
Plage Nord, tel. 05 56 03 20 77, www.lesgrands pins.com, eind apr.-eind sept., afhankelijk van seizoen € 21-58 voor 2 personen, ook huisjes

🍴 Overal in de wereld thuis
Le Bistro des Cochons
Moderne streekgerechten met Spaanse en Aziatische invloeden. Fijn terras.
1, rue du Docteur-Darrigan, tel. 05 56 03 15 61, juli-aug. dag. 's avonds, za.-zo. ook 's middags, sept.-juni do.-vr. 's avonds, menu € 24

🛍 Surfmateriaal à la mode
Pacific Island
Eersteklas surfmateriaal en vlotte surfmode bij Thierry Fernandez, tweede bij de Europese kampioenschappen surfen.
Allée Ortal, apr.-sept. dag.

🌊 Zwemmen en zonnen
Let op: de golfslag is zeer sterk aan de kust van Médoc, met een verraderlijke stroming. Voor iedereen geldt dat je het best alleen in het water gaat bij de **bewaakte delen strand**. Idyllisch zijn de kilometerslange stranden hier overal, waarheen je ook gaat.

🌊 Surfen
Er zijn diverse goede surfscholen, waaronder de **Lacanau Surf Club**, die de surfwedstrijden van Lacanau Pro organiseert.
17, bd. de la Plage, tel. 05 56 26 38 84, www. surflacanau.com

🌊 Kitesurfen, wakeboarden, stand up paddling
Lacanau Kite Center
Professioneel en goed uitgerust.
41, av. du Dr.-Pierre-Arnou-Laujeac, mobiel 06 08 34 59 07, www.evolution2-lacanau.com

🌊 Fietsen
Gemarkeerde routes naar Cap Ferret, Pointe de la Grave, rond de Étang de Lacanau en bij het Bassin d'Arcachon.
Fietsverhuur in Lacanau-Océan: Locacycles, 11, av. de l'Europe, tel. 05 56 26 30 99, apr.-okt.

❶ Info en evenementen
Office de Tourisme: Pl. de l'Europe, tel. 05 56 03 21 01, www.medococean.com.
Lacanau Pro: 10 dagen rond 10 aug., surfkampioenschappen, lacanaupro.com.

```
································
         IN DE OMGEVING
································
```

Tussen de dieren
De **Réserve Naturelle de l'Étang de Cousseau** (5 km noordoostelijk, 🛱 C 8) is een natuurreservaat rond een binnenwater met 15 km aan gemarkeerde wandelroutes. Met enig geluk krijg je otters, wilde zwijnen, schildpadden en trekvogels te zien. Het geluk kun je een handje helpen met een rondleiding van een deskundige.
Reserveren via Office de Tourisme Lacanau of Carcans, € 3-5

Meer dan een meer
Met 18 km lengte, 4 km breedte en een oppervlak van 5700 ha is **Lac d'Hourtin-Carcans** (🛱 C 7/8) het grootste meer van Frankrijk – en een hotspot voor peddelaars in kajak of kano. Aan de noordzijde zijn wandelroutes uitgestippeld naar de **lagune van Contaut**, met informatiepanelen. Veel varens in het moeras zijn wel tweehonderd jaar oud.
Rondleiding juni-half sept. via Office de Tourisme van Hourtin, www.medococean.com, gratis

Arcachon en Landes

Arcachon is de trekpleister aan het kilometerslange, niet door bebouwing aangetaste zandstrand van de Côte d'Argent. De badplaats uit de belle époque is in een paar jaar tijd veranderd van een paradijsje voor wie van rust houdt in een hip vakantieoord. Modieus en trendy wordt het bij Cap Ferret, dat als een St-Tropez aan de Atlantische Oceaan overkomt. Aan de andere kant van het Bassin d'Arcachon zijn de duinen van Pilat de hoogste van Europa. Nog verder naar het zuiden lopen achter de duinen de uitgestrekte dennenbossen van Landes door tot aan de monding van de Adour bij Bayonne. Sportfietsers vormen hier kleurige accenten in het groen. De Atlantische Oceaan lijkt opeens heel ver.

Arcachon 🗺 C 10

Het toeristencentrum van de Côte d'Argent bestaat uit maar liefst vier 'steden'. Ville d'Été is de wijk aan het strand, Ville de Printemps is de verder in het oosten gelegen villawijk, Ville d'Automne is de vroegere visserswijk aan de westkant, en Ville d'Hiver is de mondaine wijk op de beboste hellingen waar mooie villa's te zien zijn (▸ blz. 68). Al met al is er in Arcachon (11.500 inwoners) het hele jaar door wel wat gaande. In de weekends trekken de inwoners van Bordeaux naar de kust om te partyen en te ontspannen. Bij de stad hoort het 155 km² grote Bassin, een baai met oesterbanken in het water en levendige restaurants aan de kust.

BEZIENSWAARDIGHEDEN

Wandelen en winkelen

Ville d'Été ('zomerstad') is het bedrijvige centrum tussen het strand en de Cours Lamarque. Deze langgerekte wijk parallel aan het strand is een winkelparadijs waar je lekker kunt rondwandelen, met terrasjes om te zien en gezien te worden. Te midden van de gevels uit de belle époque vind je hier de neogotische kathedraal **Notre-Dame** ▪1 met de Chapelle aux Marins (met ex voto's van vissers) en het kasteelachtige **Casino** ▪2 uit 1853 bij de Jetée d'Eyrac. Het spectaculairste uitzicht over het Bassin d'Arcachon heb je een pier verder op de Jetée Thiers. Op de Jetée de la Chapelle herinnert een kruis aan de op zee omgekomen vissers en zeelieden. Het leven boven en onder water van het Bassin d'Arcachon en de oceaan is te bewonderen in het **Musée Aquarium** ▪3 (dag. behalve za.-ochtend feb.-juni, geopend 9.45-12.15, 13.45-18.30, juli-aug. tot 19, okt. tot 18 uur, € 5,50). Naast zeeschildpadden, murenen, reuzeninktvissen zie je ook vogels en mossels.

Uiteraard is er ook aandacht voor de oesterteelt in het Bassin d'Arcachon.

Strandsferen

Ville de Printemps ('lentestad') ligt in het westen tussen Boulevard de l'Océan en Boulevard de la Côte d'Argent. Het is vooral een wijk van chique villa's, maar nu met tennisbaan, zwembad en pelottemuur voor het Baskische balspel (**Pilotaris arcachonnais** ❸, 14, av. du Parc, juli-aug. vr.-avond wedstrijd). Helemaal in het zuiden is het **Plage des Arbousiers** een hotspot voor surfers. Via het prachtige **Parc Pereire** kom je uiteindelijk in Le Moulleau, een drukke wijk rond de **Notre-Dame-des-Passes** ▪4: deze kerk heeft een Zuid-Europese uitstraling en was gewijd aan de beschermster van de vissers die in de baai voeren. De kerk kijkt uit over de vele terrasjes en het uitgangspubliek op de verkeersluwe straat naar het strand. Twee ijsmakers in het stadsdeel Le Moulleau wedijveren om de titel beste ijsmaker van Arcachon (▸ blz. 67).

Vissen en vissers

De haven van Ville d'Automne ('herfststad') is met 2600 ligplaatsen en ruim twintig vissersschepen de op een na grootste aan de Franse Atlantische kust. Van de oude visserswijk getuigen nog de platte vissershutten, de vishandels en de **Criée** ▪5, de visafslag. Bij de rondleiding 'Achter de schermen van de criée' van het Office de Tourisme krijg je een indruk van de gebruiken onder vissers, groothandelaren en veilingmeesters (aanlevering van de vis/veiling 6.30-8.30 uur, rondleiding ma., do., € 6, tot 12 jaar gratis, reserveren).

ETEN, SHOPPEN, SLAPEN

🏠 **Overnachten**

Als in een chique villa
Hôtel Ville d'Hiver
Strikt genomen is het prachtige gebouw in de mooiste villawijk van de stad geen

villa, maar een historische waterinstallatie die is verbouwd tot een charmant design-hotel met tuin en zwembad (▶ blz. 69).

Hotel in felle kleuren
Home Hotel
Dit charmante hotel op 50 m van het strand is gevestigd in een houten ge-bouw uit de 19e eeuw, dat met vrolijke kleuren is gerenoveerd.

8, allée de la Chapelle, tel. 05 56 83 38 53, www.home-arcachon.com, 2 pk vanaf € 130

Ontspannen doen je zo
Hôtel des Pins
Het witte pand werd rond 1900 ge-bouwd als theater, maar is alweer lange tijd een hotel met 14 kamers in de stijl van de jaren 30. Zeer relaxte sfeer.

In Cap Ferret, 23, rue des Fauvettes, tel. 05 56 60 60 11, www.hoteldespins.eu, 2 pk vanaf € 78, restaurant, menu € 32

🍴 Eten en drinken

Vis voor een redelijke prijs
Le Noroît ❶
Goedkoop is Arcachon ook hier niet, maar de prijs-kwaliteitverhouding klopt en de porties zijn ruimhartig. Aanraders zijn de krabsoep en de kabeljauwrug met venkel.

88, bd. de la Plage, tel. 05 56 83 82 41, zo.-middag, in het laagseizoen ook ma. gesl., menu € 19-25

Vis en zeevruchten
Le Pinasse Café ❷
Ontbijten, lunchen, iets drinken, dineren: het grote terras bij de aanlegplaats van de veerboot is er een fijne plek voor. Bijzonder lekker zijn de vis en de zeevruchten. Een *pinasse* is dan ook de traditionele vissers boot van Arcachon.

2bis, av. de l'Océan, tel. 05 56 03 77 87, half nov-half feb. ma.-do. 's avonds gesl., *formule* € 35, menu € 44

Oesters in een hut
Chez Boulan ❸
De hut van de veelvuldig bekroonde oesterkweker is inmiddels een hip restaurant met een terras geworden,

waar je aangenaam onder palmbo-men kunt zitten. Vooral in trek zijn de zoutige, stevige Mimbeau-oesters en de vlezige Spéciale-Boulon-oesters (€ 16 per dozijn).

2, rue des Palmiers, tel. 05 56 60 77 32, www. huitresboulan.fr, dag. 10-21 uur

De beste ijssalons van de stad
Twee ijsmakers in het stadsdeel Le Moul-leau willen de beste van allemaal zijn. Zo heeft Olivier de Labarre van **Ô Sorbet Amour** ❹ honderd opvallende ijssoorten en sorbets gecreëerd. En bij **Aux Délices Glacées** ❺ staat de familie Guignard al bijna vijftig jaar garant voor voor traditio-nele ijssoorten van de beste ingrediënten. Nog een ijsje, *s'il-vous-plaît!*

Ô Sorbet Amour, 5, av. Notre-Dame, www.osorbet amour.fr, mei-sept. dag. 10-24, mrt. 13-19, apr. 13-23 uur; Aux Delices Glacées, 57, bd. de la Côte d'Argent, apr.-sept. dag., anders alleen za.-zo.

🏠 Winkelen

Koffie of thee?
La Torréfaction de la Côte
d'Argent
Specialiteiten van de meer dan zeventig jaar bestaande koffiebranderij zijn exotische soorten als Tarrazu uit Costa Rica, Yellow Bourbon uit Brazilië of Huehuetenango uit Guatemala. Wie geen koffie drinkt, heeft keus uit een gigantisch assortiment thee. En dan is er ook nog sterkedrank voor stormachtige dagen.

46, av. du Maréchal-de-Lattre-de-Tassigny, www.latorrefactiondarcachon.fr, ma.-za.

Hollywood heeft zijn Walk of Fame, Arcachon zijn **Chaussée des Pieds marins:** vlak bij de Jetée Thiers hebben legendarische zeilers van de Atlantische kust, zoals Eric Tabarly, Florence Arthaud en Yves Parlier, hun voetafdrukken in brons achtergelaten.

#9

Eeuwige zomer in de 'winterstad' – Arcachons Ville d'Hiver

Zo'n honderdvijftig jaar geleden ontstond op de heuvels van Arcachon een kuuroord voor de rijken van de toenmalige wereld: Ville d'Hiver, oftewel 'winterstad'. Er werd gedongen naar de gunsten van gefortuneerde patiënten met tuberculose of andere kwalen. De combinatie van gezonde zeelucht en dennengeur zou voor genezing zorgen.

0 OVERIGENS

In 1863-1878 werden 96 villa's in chaletstijl gebouwd die de basis vormden voor de chique wijk Ville d'Hiver. Dat ze allemaal bewaard zijn gebleven is te danken aan het feit dat alle huizen tot de Tweede Wereldoorlog eigendom waren van de op behoud gerichte Société Immobilière des Frères Pereire. De gebroeders Pereire, oprichters van de spoorwegmaatschappij Chemins de fer du Midi, exploiteerden in 1846 geopende lijn tussen Bordeaux en La Teste, een buurgemeente van Arcachon.

De mooie Marguerite die het hart van Claude Debussy sneller deed slaan, was geen beminde vrouw, maar de villa van de componist.

De wandeling begint op de Avenue Regnault, waar een lift bezoekers naar het hogergelegen **Parc Mauresque** 6 brengt. De temperatuur in de chique wijk is meestal 3 °C lager dan beneden aan het strand. Dat lijkt ook weldadig voor de bloemen in het 4,6 ha grote park, dat is vernoemd naar het in 1977 afgebrande casino. Een maquette van dat bouwwonder uit Duizend-en-een-nacht geeft een idee van de vroegere pracht. De 32 m lange **Passerelle St-Paul** 7, een metalen brug, voert over een kloof naar de 25 m hoge uitkijktoren **Observatoire Ste-Cécile** 8, die een prachtig uitzicht over de villa's biedt.

Chic 'sanatorium'

De villa's moesten kleurrijk zijn om de sombere gedachten van de tbc-patiënten te verdrijven. Ze kwamen hier immers vanwege de weldadige lucht van Arcachon. De **Villa Alexandre Dumas** 9

(2, allée Alexandre Dumas) is met zijn geglazuur-
de bakstenen, de arcaden en het pagodeachtige
dak een van de mooiste van de wijk. Dumas heeft
er zelf trouwens maar kort gewoond.

De **Villa Brémontier** 🔟 (2, allée Brémontier) is
een echte villa in de chaletstijl die de gebroeders
Pereire voor ogen hadden. Net als al hun villa's
werd deze alleen verhuurd. Blikvanger van de nu
in appartementen opgedeelde villa is de opvallende traptoren.

Zachte bries tussen lichte villa's

Hiertegenover staat **Villa Graigcroston** 🔟 (6, allée
Faust). De opdrachtgever was een Schotse lord.
De villa geeft een mengeling te zien van koloniale
architectuur en invloeden van de in Groot-Brit-
tannië populaire Palladio. Een paar huizen verder staat de vestingachtige **Villa Faust** 🔟 (3, allée
Faust) waar de componist Charles Gounod heeft
gewoond. De naam van de villa staat in duivels
vlammenschrift op de gevel, met daarboven een
stenen Mephistomasker. De **Villa Trocadéro** 🔟
(6, allée du Dr. Festal) valt op door de houten
veranda en de dakversiering in de stijl van een
villa uit het zuiden van de Verenigde Staten.

Koning, componist, hasjiesjroker

Aan de **Place Fleming** 🔟 vind je een apotheek,
een postkantoor en een theewinkel. Wat kan een
villa-eigenaar zich ook meer wensen? Midden op
het plein staat een muziekpaviljoen. Op de hoek
van Allée Christine herinnert de **Temple Protestant** 🔟, de voormalige anglicaanse kerk, aan de
vroegere aanwezigheid van Britten in de wijk. De
Villa Carmen 🔟 (14, allée du Dr. Lalesque) lijkt
met zijn balkons en houtwerk een strandvilla.

Met de **Villa Vincenette** 🔟 (16, allée Corrigan)
deed rond 1900 de art nouveau zijn intrede in
Ville d'Hiver – zoals te zien aan de glas-in-lood-
ramen van de erker. Als je in noordelijke richting
door de straat wandelt, kom je weer bij Parc
Mauresque. Het pronkstuk van de Allée Rebso-
men is de **Villa Teresa** 🔟 (nr. 4), die een mengeling van Spaanse en Noord-Afrikaanse invloeden
laat zien. En zo ben je terug bij het beginpunt.

U
UITZICHT

Voor de beklimming
van de **Observatoire
Ste-Cécile** 🔟 moet je
geen last van zenuwen
of duizelingen hebben:
de traptreden hangen in
een staaldraadconstruc-
tie die bij het gebruik
een beetje wiebelt.

INFORMATIE
**Office du Touris-
me d'Arcachon:** ▶
blz. 71. rondleiding
door Ville d'Hiver,
lopend of fietsend of op
eigen gelegenheid met
audioguide.

ETEN EN DRINKEN
Het enige restaurant
en enige hotel in de
'winterstad' heet **Ville
d'Hiver** 🔟. Dit is geen
villa, maar een waterin-
stallatie die is verbouwd
tot een designhotel
met tuin en zwembad.
Prachtig restaurantterras,
authentiek gehouden
eetzaal, dagverse keuken
(20, av. Victor-Hugo, tel.
05 56 66 10 36, www.
hotelvilledhiver.com, 2 pk
vanaf € 140, restaurant
dag., lunchmenu € 25,
menu à la carte ongeveer
€ 35).

ARCACHON

Bezienswaardig
1. Notre-Dame
2. Casino
3. Musée Aquarium
4. Notre-Dame-des-Passes
5. Criée
6. Parc Mauresque
7. Passerelle St-Paul
8. Observatoire
9. Villa A. Dumas
10. Villa Brémontier
11. Villa Graigcroston
12. Villa Faust
13. Villa Trocadéro
14. Place Fleming
15. Temple Protestant
16. Villa Carmen
17. Villa Vincenette
18. Villa Teresa

Overnachten
1. Hôtel Ville d'Hiver
2. Home Hotel
3. Hôtel des Pins

Eten en drinken
1. Le Noroît
2. Le Pinasse Café
3. Chez Boulan
4. Ô Sorbet Amour
5. Aux Délices Glacées
6. Oyster Bar

Winkelen
1. La Torréfaction de la Côte d'Argent
2. Pâtisserie Alain Guinard

Uitgaan
1. Paris-Pyla
2. L'Oubli
3. Bacchus

Sport en activiteiten
1. Union des Bateliers arcachonnais
2. Locabeach
3. Pilotaris arcachonnais

Cannelés en feuilletées
Pâtisserie Alain Guinard 🖻

Deze banketbakkerij in het stadsdeel Le Moulleau verslaat met haar cannelés zelfs de concurrentie in Bordeaux en biedt een onovertroffen fruittaartje in bladerdeeg.

11, av. Notre-Dame-des-Passes, laagseizoen ma., jan. gesl.

....

🔆 Uitgaan

Het middelpunt van het uitgaansleven is **Le Moulleau**: bij de bars **Paris-Pyla** 🎇 **L'Oubli** 🎇 en **Bacchus** 🎇 glinstert het asfalt alsof het stras is – een knipoog naar de (niet alleen) nachtelijke bedrijvigheid.

....

🌀 Sport en activiteiten

Zwemmen en zonnen
Het stadsstrand bij Ville d'Été is vaak erg druk. Om te zien en gezien te worden gaat men naar het **Plage Péreire**. Voor surfers is vooral het **Plage des Abatilles** in het zuiden interessant. Een rusitg plekje vind je zelfs in het hoogseizoen op de eindeloze zandstranden langs de **zuidzijde van Cap Ferret**.

Op volle zee
Union des Bateliers arcachonnais ❶

Boottochten over het Bassin d'Arcachon (2,45 uur), naar Île aux Oiseaux (vogels en oesterbanken, 1,45 uur), naar de monding van de rivier de Leyre, om te zonnen op de zandbank Arguin voor de duinen van Pilat (Tagestour, ▶ blz. 72), tochten naar Cap Ferret elke halfuur.

Jetée Thiers, 's zomers ook vanaf Le Moulleau, tel. 05 57 72 28 28, www.bateliers-arcachonnais. asso.fr

Vrij baan voor tweewielers
Locabeach ❷

Verhuur van fietsen, e-bikes en scooters. Tip: je kunt bij een filiaal in de binnenstad een fiets huren, een tocht maken over de 220 km aan fietspaden in de omgeving van het Bassin en

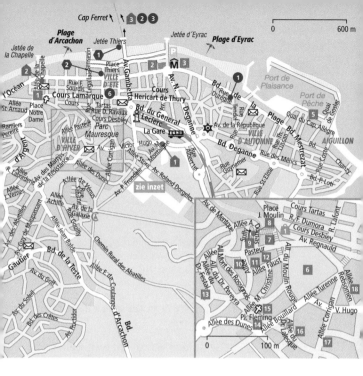

daarna de fiets afgeven bij een ander filiaal, bijvoorbeeld op Cap Ferret.

326, bd. de la Plage, tel. 05 56 83 39 64, www.locabeach.com, ook verhuurlocaties in Le Moulleau, Aiguillon en bij Cap Ferret

---

INFORMATIE

Office de Tourisme: Espl. G. Pompidou, tel. 05 57 52 97 75, www.arcachon.com
City Pass: mei-sept. met rondleiding, kanotocht, veerboot naar de duinen van Pilat en Cap Ferret, korting bij fietsverhuur en meer. 1 dag € 25, 2 dagen € 39; van de dag van aankoop tot de dag erop 18 uur geldig.

EVENEMENTEN

18 heures de voile d'Arcachon: begin juli. Vijfdaags festival in het Parc Pereire met tapasbars en tentrestaurants aan het strand. Er worden concerten gegeven en de festiviteiten gaan tot diep in de nacht door. Het middelpunt blijft de 18 uur durende zeilwedstrijd.
Fêtes de la Mer: 14-15 aug. Ter afsluiting van het seizoen een grootschalige picknick op het strand, processie van vissersboten, concerten en vuurwerk.
Festival Cadences: sept. Vier dagen lang wordt er een wervelend festival gehouden op het strand met optre-

O OVERIGENS

Geen zin in een tocht langs de oesterbars rond het Bassin d'Arcachon? De **Oyster Bar** ❻ van Olivier Laban bespaart je lang zoeken, want deze is gevestigd in de markthal. Ideaal voor een glaasje wijn aan het eind van de middag of een geïmproviseerde lunch met oesters en gamba's (Pl. de Gracia, ma.-za. tot 14 uur, juli-aug. ook 's avonds, 12 oesters € 15-20).

10

Franse Sahara – **de duinen van Pilat**

Met een hoogte van 108 m en een breedte van 500 m zijn de duinen van Pilat de grootste van Europa. Geen wonder dat het zandgebergte na Mont St-Michel in Normandië het drukstbezochte natuurwonder van Frankrijk is. Maar wie 's ochtends vroeg komt, heeft de Sahara aan de Atlantische Oceaan vrijwel voor zich alleen.

Sinds 1974 zijn de duinen een beschermd natuurgebied. Nog altijd zijn er plaatsen vrij toegankelijk, bijvoorbeeld bij Plage de la Corniche in Pyla-sur-Mer. Het kwetsbare ecosysteem is er echter niet bij gebaat als men afwijkt van de officiële toegangen. De paar euro voor het parkeren bij de **Aire d'Accueil de la Dune du Pilat** 🔳 zijn dus goed besteed.

Pilat is een stuifduin waar je heerlijk blootsvoets kunt wandelen.

Pilat is Gascons en betekent 'hoop, stapel', wat als een understatement klinkt. De vertaling van de naam **'Dune du Pilat'** als 'duinenhoop' zegt ook te weinig. Voor de badplaats aan de voet van de duinen heeft men daarom gekozen voor de schrijfwijze Pyla.

De duinen wandelen en groeien

Aan de achterkant zijn de duinen bijzonder steil. De klim wordt vergemakkelijkt door een witte trap van fiberglas, een constructie van een scheepsbouwer waarvan het aantal treden (momenteel 160) elk jaar aan het veranderende duin wordt aangepast. Eenmaal boven zink je weg in het fijnste zand van Frankrijk. De zilte bries van de Atlantische Oceaan mengt zich met de kruidige geur van het dennenbos, waarvan de voorste bomen telkens worden opgeslokt door het wandelende duin (1-4 m per jaar). De **kam van de duinen** 🔳 strekt zich 2,7 km in zuidelijke richting uit. De zandheuvel, die eind 19e eeuw nog 80 m hoog was, wordt gestaag bijgewerkt door de wind. In 2009 stuwde storm Klaus de duinen 2 m op tot 108 m.

Uitzicht op de zandbanken in zee

Onderweg naar de zuidhelling heb je een prachtig uitzicht over het Bassin d'Arcachon naar Cap Ferret. In zee liggen grote zandbanken, waarvan de Banc d'Arguin zelfs de afmetingen van een eiland heeft. Maar dat verandert met de getijden. Bij eb is de zandbank 300 ha groot, bij vloed slechts 100 ha.

Strandwandelen of pootjebaden

Hoe zuidelijker je gaat, des te rustiger het wordt. Aan het eind loop je over de relatief licht glooiende helling naar het **Plage Robinson Crusoe 3**. Vanaf hier kun je voor de terugweg de bijna 3 km over het strand lopen.

De **kustwandelroute GR 8 4** ligt grotendeels begraven onder het zand, maar verdwalen is zo goed als onmogelijk: aan je rechterhand liggen de duinen, aan je linkerhand golft de zee, en je hoeft alleen maar rechtdoor te lopen. Hier en daar zie je betongevaarten verzonken in het zand liggen. Dat zijn de oude bunkers uit 1942 van de Duitse Atlantikwall die van het duin omlaaggegleden zijn en langzamerhand in zee verdwijnen.

Omhoog en omlaag

Vervolgens gaat de route weer omhoog de duinen op. De klim begint aan de noordkant van het **Plage de la Corniche 5**. Ditmaal is er geen trap beschikbaar, maar de zeekant van het duin is dan ook niet zo steil als de landinwaarts gerichte kant. Eenmaal boven kun je via de trap weer naar beneden, maar afdalen kan natuurlijk ook heel goed door het zand naast de trap. Zo kom je terug bij het informatiecentrum.

N
NOG IETS

Let op: onderweg vind je geen geen schaduwplekken en geen mogelijkheden om eten en drinken te kopen! Neem daarom zonnebrandcrème, hoofdbedekking, water en proviand mee. De klim is alleen geschikt voor wie minstens een redelijke conditie heeft. In het **informatiecentrum 1** zijn brocures en een kaart van de regio verkrijgbaar. De openluchttentoonstelling 'La Face cachée de la Dune' geeft een inleiding in de geschiedenis, geografie, flora en fauna.

INFO EN OPENINGSTIJDEN

Syndicat Mixte de la Grande Dune 1: Aire d'Accueil de la Dune du Pilat, Rond-Point de la Dune (ten zuiden van Pyla-sur-Mer richting Biscarrosse aan de kruising D218/D259), tel. 05 56 22 12 85, www.ladunedupilat.com, apr.- juni 10-18, juli-aug. 10-20, sept.-nov. 10-12, 14-17 uur.
Parkeerterrein: dag. 7-2 uur, 30 min. gratis, 4 uur € 4, 1 dag € 6, in het laagseizoen € 1 dan wel € 2.

ETEN EN DRINKEN

Een paar **eettentjes** en **winkeltjes** bij de Aire d'Accueil de la Dune du Pilat.

Pilat-Plage — Arcachon

Réserve naturelle du Banc d'Arguin

Dune du Pilat
108 m

GR 8

D218

Dune du Pilat

← Biscarrosse   0   500 m

Uitneembare kaart: C 10 | **Duur:** ongeveer 1/2 dag (6,5 km), wandeling met tussenstop op het strand om te zwemmen

Vissershuisjes tegenover Arcachon bij Cap Ferret – last van verkeerslawaai hebben de bewoners hier zeker niet.

dens van klassiek danstheater, hiphop, flamenco en Afrikaanse dans.

UITSTAPJES VANUIT ARCACHON

En het worden er meer
In het **Réserve Ornithologique du Teich** (🗺 D 10) leven wel 323 verschillende soorten vogels. Het Maison de la Nature van het reservaat biedt rondleidingen aan en verhuurt verrekijkers (€ 5).
10 km oostelijk, www.reserve-ornithologique-du-teich.com, dag. 10-18/20 uur, € 8

Heel veel water
Het van de golfslag van de Atlantische Oceaan afgeschermde **Bassin d'Arcachon** (🗺 C 9/10) lijkt wel een binnenwater. De kust is het domein van oesterkwekers en badgasten. In het westen ligt een meer dan 10 km lange zandtong tussen de Atlantische Oceaan en het Bassin. Een weggetje voert eerst langs kleurige houten huizen en oesterbars aan de ene kant en duinen en ongerepte stranden aan de andere kant en dan door een dennenbos naar Cap Ferret. De kaap vormt het eindpount van een 85 km lange route langs het Bassin en heeft zich ontwikkeld tot een trendy en populair 'Land's End' met uitzicht op de lichte duinen van Pilat aan de andere

kant van de zee-engte. Er staat natuurlijk een vuurtoren – na 258 traptreden heb je een weergaloos uitzicht over zee.
www.bassin-arcachon.com, apr.-juni, sept. 10-12.30, 14-18.30, juli-aug. dag. 10-19.30, okt.-mrt. wo.-zo. 14-17 uur, € 6

Biscarrosse 🗺 C 11

Met Biscarrosse (14.000 inwoners) begint een reeks badplaatsen langs de eindeloze zandstranden van Landes. Wat Biscarrosse betreft doen zelfs de immense militaire terreinen in het noorden en het zuiden niets af aan het gevoel van onbeperkte ruimte. Zoals bij de meeste kustplaatsen van Landes bestaat het fietsvriendelijke stadje uit een rustig moederdorp en een badplaats met lage bebouwing waar het in de zomer druk wordt. Biskar betekent 'duin' in het Gascons, en duinen zijn er dan ook volop langs het strand. De gemeente heeft bovendien 13.500 ha aan bos en twee grote meren.

Pionier van het watervliegtuig
In het **Musée de l'Hydraviation**, een voor Europa uniek museum over de geschiedenis van het watervliegtuig,

documenteert men de pioniersrol van deze badplaats bij de ontwikkeling van het watervliegtuig. In 1930 werd bij é Étang de Biscarrosse een testbaan voor watervliegtuigen aangelegd. Na de Tweede Wereldoorlog werd in Biscarrosse de Latécoère gebouwd, het grootste watervliegtuig ooit. Het heeft tot 1954 van Biscarrosse naar New York en het Caribische Fort de France gevlogen.

332, av. Louis-Bréguet, www.hydravions-biscarrosse.com, juli-aug. wo.-ma. 10-19, anders 14-18 uur, mrt. gesl., € 5

Museum in het moeras
Het **Musée des Traditions et de l'Histoire** is een heel aardig, klein museum over de streek en haar geschiedenis. Je ziet er onder meer de boshut van een *résinier* die de dennen ontdoet van hun waardevolle hars. Dit stroperige sap (*résine* = hars) werd gebruikt bij de vervaardiging van verf, lak, rubber en farmaceutica totdat er chemische vervangers voor het natuurproduct kwamen. En de *bateliers* (bootgidsen) van het museum bieden twee tours met een platbodem door de nabijgelegen moerassen met als thema de flora en fauna van het moeras in het achterland van de kust.

216, rue Louis-Bréguet, www.museetraditions.com, juni, sept. di.-za. 10-12, 14-18, half feb.-mei 14-18, juli-aug. dag. behalve zo.-ochtend 9.30-19 uur, € 5; boottocht: mrt.-okt., 1,5-2 uur, € 13 met museum

⌂ Met schaduw van zeedennen
Camping Le Vivier
Biscarrosse-Plage heeft een mooie camping een slechts 700 m van het strand met veel schaduw onder zeedennen, zwembad, fietsverhuur en kinderclub. Ook verhuur van bungalows en stacaravans.

681, rue du Tit, Biscarrosse-Plage, tel. 05 58 78 25 76, www.campeoles.com, mei-half sept., vanaf € 15,50 voor 2 personen.

⌂ Verscholen achter een palissade
Le Comptoir des Sables
Achter een houten palissade gaat een zomervilla schuil met zes comfortabele, modern ingerichte kamers. Elke kamer heeft een eigen terras en buitendouche aan de tuinkant.

34, av. de la Libération, Biscarrosse-Plage, tel. 05 58 78 35 20, www.lecomptoirdessables.fr, 2 pk vanaf € 88

⌂ Design staat centraal
Hype Hotel
Dit nieuwe hotel zet met sobere en toch vrolijke accenten een nieuwe norm in het oude dorp. Het is dan ook in trek.

40, rue du Lieutenant-de-Vaisseau-Paris, Biscarrosse-Village, tel. 05 58 07 36 35, www.hypehotel.fr, 2 pk vanaf € 70

🍴 Niet aan zee, maar een meer
La Caravelle
Hartige streekgerechten (zelfgemaakte vissoep) in een dorpje aan de oever van de Étang de Cazaux et de Sanguinet. Idyllisch zijn de tafels met uitzicht op het water.

5314, rte. des Lacs, Ispe, tel. 05 58 09 82 67, www.lacaravelle.fr, buiten juli-aug. ma.-middag, in het laagseizoen ook di.-middag gesl., menu vanaf € 19; aardige kamers, 2 pk vanaf € 79

🍴 Cool en lekker
Histoires de …
Rundertataar met olijfolie en grof zout, tonijntataki, gamba's aan de spies, risotto – geserveerd door een jonge *équipe* in een restaurant aan het water.

18, chemin de Maguide, Port-Maguide (Étang de Cazaux-Sanguinet), tel. 05 58 78 57 43, apr.-okt. dag., à la carte ongeveer € 25

0
NOG IETS

Hoe zit het met **buitenaards leven?** In Arès, een dorp aan de noordkant van het Bassin, schijnt men overtuigd te zijn van het bestaan ervan. In 1976 wijdde de burgemeester een landingsplaats voor vliegende schotels in: Ovniport. Deze bevindt zich naast het Office de Tourisme, waar men voorbereid is op de komst van bezoekers uit elk sterrenstelsel.

☼ In de stijl van Ibiza
Idylle Café
Dit is veruit de populairste tent in de omgeving! Houten hutten en planken in rood-wit, met lage tafels, stoelen en plantenbakken die in het zand staan. De muziek is geschikt om te loungen en als hapje bij de cocktails zijn er tapas.

Aan het strand van Port-Maguide (Étang de Cazaux et de Sanguinet), tel. 05 58 09 87 14, half mrt.-begin okt. 10-2 uur

☻ Zwemmen en zonnen
Op het 15 km lange strand aan de oceaan met duinen en golfbrekers vind je ook in het hoogseizoen, als het aantal vakantiegangers naar 100.000 stijgt, nog altijd wel een rusitg plekje. Kindvriendelijk, want zonder hoge golven, zijn de stranden aan de **Étang de Cazaux et de Sanguinet**. De noordelijke helft van het meer is overigens militair terrein. De

Picknicken aan het meer bij Biscarrosse is plezier voor jong en oud.

Étang de Biscarrosse-Parentis is bijzonder rijk aan vis. Kindvriendelijk, want met speelapparaten, is hier het strand ter hoogte van het Musée de l'Hydraviation (▶ blz. 74). Langs de oost- en de zuidoever zijn wandelpaden en fietsroutes aangelegd, die zijn aan te vullen met die van de aanmerkelijke kleinere **Étang d'Aureilhan** (7 km zuidelijker).

☻ Surfen
Point Break
De lessen in surfen en bodyboarden zijn in trek ondanks de grote concurrentie.

272, rte. des Sables, tel. 05 58 09 71 59, www.surfbiscarrosse.com

☻ Fietsen
Er zijn tien gemarkeerde **fietsroutes** en bij het Office de Tourisme is een routekaart verkrijgbaar. **Fietsverhuurstations** vind je in Biscarrosse-Village (Cycles Brogniez) en Biscarrosse-Plage (Au vélo pour Tous, Loisirs' Boulevard). Afhankelijk van aanbieder en model € 10-14 per dag, € 49-56 per week.

☻ Sportklimmen en vissen
Bisc'Aventure Parc
Twaalf parcours door boomtoppen; ook bungeejumping en free jump van 5 of 7,5 m hoogte op een matras. Vanaf 4 jaar.

Rte. de la Plage, Biscarrosse-Plage, half feb.-nov., www.biscaventure.fr, naar leeftijd € 12-22

❶ Informatie
Office de Tourisme: 55, pl. Georges Dufau, tel. 05 58 78 20 96, www.biscarrosse.com.

Mimizan ▦ B/C 12

Een soort Californisch gevoel van grote vrijheid en een oneindige zomer is kenmerkend voor Mimizan-Plage, het strandfiliaal van Mimizan-Bourg, dat meer landinwaarts ligt. Beide delen worden gescheiden door de 7 km lange Courant de Mimizan, die water uit de Étang d'Aureilhan afvoert naar zee. Samen vormen ze een van de

drukste, jongste en sportiefste badplaatsen (6700 inwoners) aan de Côte d'Argent. Deze 'Zilverkust' dankt zijn naam aan het zilverachtige licht aan zee. Vanhier is het niet ver naar de stilte van het natuurpark van Landes (▶ blz. 81), maar het voelt als een volkomen andere wereld.

Het verleden van Mimizan
Dat Mimizan al voor de populariteit van het surfen een plaats van betekenis was, blijkt uit de aanwezigheid van het **Musée-Prieuré de Mimizan** (39, rue de l'Abbaye, Mimizan-Bourg, www. musee.mimizan.com, half juni-half sept. di.-za. 14-18 uur, anders op afspraak, tel. 05 58 09 00 61, € 4, tot 14 jaar gratis) en ernaast het **Maison du Patrimoine** (half juni-half sept. ma.-vr. 14-18 uur, anders op afspraak, € 2, combikaartje met kerk € 5). Van de vroegere **kerk van het benedictijner klooster** aan de rand van Mimizan-Bourg richting strand resteren alleen een portaal uit de 13e eeuw en fresco's uit de 15e eeuw, maar als onderdeel van de Sint-Jacobsroute staan ze op de UNESCO-Werelderfgoedlijst. De naburige Maison du Patrimoine verrijkt het bezoek met wereldse dingen van alledag: werktuigen en maquettes geven een beeld van het vroegere leven van schaapherders en harswinners. In de boswachterij **Leslurgues** in Mimizan-Plage Sud toont men hoe het hars van de dennen werd gewonnen (mrt.-sept. do. om 10 uur).

Churchill, Chaplin, Chanel
Vanaf Aureilhan heb je een prachtig uitzicht over de door groen omgeven **Étang d'Aureilhan**, die ten noorden van Mimizan-Bourg tegen de D87 ligt. Aan de westkant staat de **Manoir de Woolsack** (1910, particulier eigendom), waar de hertog van Westminster Churchill, Chaplin en Chanel heeft ontvangen. Rond het meer loopt de **Promenade Fleurie**, een botanisch pad met driehonderd deels bloeiende plantensoorten.
Av. du Lac, mei-sept. 8-22.30, anders 8-18 uur, gratis, rondleiding juli/begin sept. di.

⌂ **Strandleven**
Camping Municipal de la Plage
De ligging doet het 'm: deze camping met meer dan zeshonderd plaatsen is rustig gelegen tussen strand en dennenbos. Bovendien wordt hij goed gerund. Er is een kleine supermarkt en er is een cafetaria met een bar.
Bd. de l'Atlantique, tel. 05 58 09 00 32, www. mimizan-camping.com, afhankelijk van het seizoen € 18-24 voor 2 personen, ook stacaravans € 190-790 per week

⌂ **Met het ruisen van de zee**
Hôtel Atlantique
Frisse, aangename kamers, waarvan drie onder het dak zelfs uitzicht op zee hebben, en allemaal met het ruisen van de zee. Voor fietsers is er een fietsgarage.
38, av. de la Côte d'Argent, tel. 05 58 09 09 42, www.atlantique-mimizan.fr, 2 pk vanaf € 59, restaurant in bistrostijl, alleen 's avonds,in de zomer dag., in de winter ma.-do., menu € 14

⌂ **Van hout en heel modern**
Hôtel de la Plage
Charmant hotel met houten veranda dat in de stijl van de traditionele huizen van Landes zelf ook van hout is. Het staat achter de duinen aan het eind van een bospad – een fijne afgelegen locatie. Coole kamers met designaccenten, loungemuziek op de patio.
In Contis-Plage, Av. de l'Océan, tel. 05 58 42 70 15, www.hotelplagecontis.com, 2 pk vanaf € 87

O
OVERIGENS

Waarom zou **Coco Chanel** haar naaisters ter ontspanning naar het eigen vakantieoord van het bedrijf aan de **'Zilveren kust'** hebben gestuurd? Omdat de modeontwerpster zo van heel dichtbij de hertog van Westminster in zijn Manoir de Woolsack aan het meer kon zien. Misschien was hier juist ook de koning van Zweden, Charlie Chaplin of Churchill te gast.

Kippenhok en herenhuis – **het openluchtmuseum Marquèze**

Tot halverwege de 19e eeuw was Landes een woestenij waar nauwelijks mensen woonden. In 1857 vaardigde keizer Napoleon III een decreet uit om dennen aan te planten. Hoe het leven van alledag eruitzag er voor die tijd, maakt een bezoek aan het Écomusée de Marquèze op boeiende wijze duidelijk.

Het decreet van Napoleon III vormde de aanzet voor het grootste bosgebied van Europa, het meer dan een miljoen ha grote Forêt des Landes. Dat Landes meer is dan dennenbossen alleen merk je in **Sabres**, waar je de auto bij het **oude station** 1 moet achterlaten. Vanaf hier ga je verder met de museumtrein naar het 5 km verderop gelegen **Écomusée de Marquèze** 2.

Uitstapje naar vroeger

Het openluchtmuseum beslaat 70 ha grond midden in het **Parc Naturel Régional des Landes de Gascogne**, dat een oppervlakte van maar liefst 315.300 ha heeft. Na aankomst kun je het terrein op eigen gelegenheid verkennen of gebruikmaken van een gids. Oeroude eiken en knoestige appel- en perzikbomen werpen hun schaduw rond de *airial*, een open plek die als een soort dorp fungeerde. Op het door schapen kort gehouden gras staan schuren, stallen en een groot huis.

De wandeling begint bij de **Basse-Cour**, een terrein waar het kleinvee werd gehouden. Opvallend is het kippenhok met een steile ladder dat met zijn hoogte het pluimvee moesten beschermen tegen vossen. Verrassend groot is het **Maison du Mineur**, het vakwerkhuis van een relatief rijke boer.

Voorbij de schapenstal ga je verder naar het **Maison du Métayer**, een bescheiden vakwerkhuis met verticale draagbalken, zoals gebruikelijk in Landes. De eigenaar was een pachter die een stuk land van een boer kreeg waarvoor hij betaalde met arbeid, goederen of pacht. Net als bij

In het Écomusée zie je nog echte natuurmensen.

E
EVENEMENTEN

Talloze **evenementen** lokken volgens het ritme van de seizoenen: schapen scheren half/eind mei, sint-jansvuur met feest rond 26 juni, roggeoogst eind augustus. Natuurlijk net zoals men dat 150 jaar geleden deed.

elke bezienswaardigheid geeft een stem uit een luidspreker informatie over het leven van alledag.

Een weelderig bloeiende tuin verrijkt het **Maison du Maître**, waar onder het uitnodigende dak een grondbezitter woonde. Hemelbedden en met houtsnijwerk versierde kasten getuigen van de welvaart. Maar het belangrijkste symbool van de maatschappelijke positie van deze boer is de *auvent,* een open veranda die door een afdak wordt beschut. Langs het beekje Escamat kom je bij de **molen**, een van de aangenaamste plekken van het openluchtmuseum.

Tuffend naar de toekomst

Als je met de trein bent teruggekeerd naar het oude station van Sabres is het uitstapje nog niet afgelopen. Aan de andere kant van het spoor vind je het futuristische geheel met dennenhout beklede **Pavillon de Marquèze** . Binnen geeft een interactieve expositie een beeld van de geschiedenis van Landes, van de eerdergenoemde *airial* tot het industrieel geëxploiteerde bos. Elk jaar wordt ook nog een speciale tentoonstelling gehouden. Een leuke en interessante afsluiting.

▶ **INFO**

Meer over het natuurpark is te vinden op **www.parc-landes-degascogne.fr**.

O
OVERIGENS

Estanquet is een traditioneel dorpslogement van Gascogne. **Estanquet** is ook de naam van een nieuw restaurant in het museum 2, waar je onder oude eiken voor weinig geld kunt genieten van een streekgerecht (€ 6,50) en een glas wijn van de wijngebieden Tursan of Chalosse.

INFO EN OPENINGSTIJDEN

Ecomusée de Marquèze 2: Sabres, Rte. de Solférino, tel. 05 58 08 31 31, www.marqueze.fr, apr., juni, 1e helft sept. dag. 10-12, 14-16.40, mei, 2e helft sept. dag. 14-16.40, zo. ook 10-12, juli-aug. dag. 10-17.20 uur (laatste trein), € 13,50, trein elke 40 min., rondleiding gratis.

ETEN EN DRINKEN

Lekker eten kun je in de moderne entourage van **Table du Marquèze** 1, met een terras dat uitkijkt op het bos en klassieke gerechten uit de streek, zoals boerenkip in aardewerken pan. Alle ingrediënten zijn afkomstig van boerenbedrijven uit de streek (tel. 05 58 07 59 44, alleen 's middags, passend bij de openingstijden van het Écomusée, assiette de

pays met een glas wijn € 20, menu € 17, schotelgerechten vanaf € 12).

Uitneembare kaart: D 12 | **Duur:** 1 dag, met de auto naar Sabres, dan met de museumtrein

🍴 Zijn vrienden de bomen
L'Emeraude des Bois
In een wit oud huis met een mooie gevel net buiten het dorp (10 minuten lopen vanaf het centrum), omringd door bomen en aan het fietspad gelegen. Het restaurant biedt traditionele gerechten van Landes.
Bij Mimizan-Plage, 66-68, av. du Courant, tel. 05 58 09 05 28, www.emeraudedesbois.com, okt.-mrt. gesl., alleen 's avonds, menu vanaf € 19; ook kamers, 2 pk vanaf € 65

🍴 Heerlijke croissants
Le Bellis
De beste croissants in de wijde omtrek, of van heel Landes. Daarnaast serveert men lekkere regionale gebakspecialiteiten als *gâteau basque* en *pastis landais*. Surfen kun je per slot van rekening altijd nog wel, de Atlantische Oceaan wacht wel.
In Mimizan-Plage, 18 tot, rue Assolant Lafèvre Lotti, tel. 05 58 07 12 92, www.lebellis.com, di.-za. 7-12.30, 15-19, zo. 7-12.30 uur

☼ Livemuziek bij een drankje
L'Orchestra
Deze aardige wijnbar is pal achter het strand te vinden en is een ideale plek voor een drankje met tapas en cocktails. Er is geregeld livemuziek.
In Mimizan-Plage, 16, rue du Casino, apr.-dec. 10-14, 17.30-2 uur, anders alleen vr.-zo.

☼ Bastion van het bier
Le Bock Trotter
Met een kaart waarop tweehonderd verschillende bieren staan, is het misschien moeilijk iets te bestellen. Gelukkig geeft barkeeper Isabelle haar gasten graag advies. Je kunt het bier trouwens ook meenemen, en het strand is heel dichtbij.
In Mimizan-Plage, 48, pl. du Marché, tel. 05 24 27 63 06, half juni-half sept. dag. 10.30-2 uur, mrt-half juni, half sept.-dec. ma.-di. gesl.

🌊 Zwemmen en zonnen
Mimizan heeft vijf stranden waar een strandwacht in het hoogseizoen toezicht houdt en die regelmatig worden opgeruimd. **Plage Remember** in het noorden heeft een deel voor naturisten. **Plage Garluche** ligt vlak bij het dorp. Bij **Plage Sud** ligt ook een aangenaam bos. Bij **Plage du Courant** is een lichte golfslag – ideaal voor gezinnen met kinderen. **Plage Lespecier** in het zuiden heeft picknickplaatsen en een speeltuin, en is gemakkelijk met de fiets te bereiken.

🌊 Surfen bij een kampioen
Mimizan Surf Academy
Dit is de beroemdste van de drie surfscholen in Mimizan-Plage. Nicolas Capdeville is meervoudig kampioen surfen van Frankrijk en wereldkampioen bodyboarden. Individuele en groepslessen, materiaalverhuur.
In Mimizan-Plage, tel. 05 58 09 51 26, www.mimizansurfacademy.com, Pasen-Allerheiligen

🌊 Kanoën en kajakken
Cercle Nautique
Peddelen kun je op de grote Étang d'Aureilhan achter de kust.
Base nautique Quartier Woolsack (D87, bij de Étang d'Aureilhan), tel. 05 58 82 31 82, www.nautic-sejour.org, feb.-okt.

🌊 Wandelen in het bos
Rond Mimizan vind je 30 km aan gemarkeerde en thematische wandelroutes. Bijzonder mooi zijn de wandeling door het bos rond de vijver Mailloueyre (3,6 km) en die bij het dorpje Pontex-les-Forges (ten oosten van Mimizan, 6 km).

🌊 Op de fiets naar het strand
Een netwerk van 35 km aan fietsroutes verbindt Mimizan met het omringende land. Erg mooi zijn de Piste des Dunes van Mimizan-Bourg langs het strand (5 km) en die van Mimizan-Plage langs Plage Lespecier (5 km). Fietsverhuur.
Cyclo'Land in Mimizan-Plage, 8, rue du Casino, tel. 05 58 09 16 65, en Mimizan-Bourg, Av. Claude-Monet, apr.-sept. dag. 9-20 uur

❶ Informatie
Office de Tourisme: 38, av. Maurice Martin, Mimizan-Plage, tel. 05 58 09 11 20, www.mimizan-tourisme.com.

*Het bos langs de Côte d'Argent beschermt het land tegen de wind en het duin-
zand en verfraait bovendien het uitzicht.*

IN DE OMGEVING

Bij de vuurtoren
Symbool van **Contis-Plage** (24 km zuidelijk, www.contis-plage.com, 🏳 B 12)
is de 42 m hoge Phare de Contis, de
enige vuurtoren aan de kust van Landes.
Boven op de toren heb je een weids
uitzicht over de Atlantische Oceaan en de
bossen (juli-aug. dag. 10-12, 15-19 uur,
apr.-juni, sept. alleen za.-zo., € 3), maar
de grootste attractie van de knusse badplaats is nog altijd de Courant de Contis.
Op deze rivier kun je een kanotocht
maken (vertrek vanaf Base Atlantis Loisirs
de Contis, juli-aug. dag. 10-16.30 uur bij
Pont de Rose, de brug over de rivier net
voor Contis-Plage).

Uitgestrekt natuurlandschap
Het **Parc Régional des Landes de
Gascogne** (🏳 C–F 9-13) beslaat een
enorme oppervalkte van 315.300 ha te
midden van de bossen van Landes. Al met
al telt dit natuurpark maar liefst 60.000
inwoners. Het gebied reikt in het noorden
tot aan het Bassin d'Arcachon, in het
westen grenst het aan de N10, in het
zuiden reikt het bijna tot aan Mont-de-
Marsan. Naast de vele fiets- en wandelroutes wordt de hoofdattractie gevormd
door het **Écomusée de la Grande
Lande** met zijn drie locaties in Sabres
(▶ blz. 78), Luxey (Ateliers de produits
résineux, vroegere verwerking van hars)
en Garein (Graine de Forêt, expositie over
de bosbouw).
Maison du Parc, 33, rte. de Bayonne, Bélin-
Béliet, www.parc-landes-de-gascogne.fr

Vieux-Boucau-
les-Bains 🏳 B 14

**Oorspronkelijk heette deze kust-
plaats (1400 inwoners) Port-Albret,
maar in de 16e eeuw verlegde de
Adour haar monding naar Bayonne**

12

Van de Amazone naar de Nijl – **de Courant d'Huchet**

Rietkragen en bossen omringen de Étang de Léon, die via de Courant d'Huchet in verbinding staat met de Atlantische Oceaan. De temperatuur van het meer kan 's zomers wel oplopen tot 25 °C. Bij het meer doet de rivier denken aan de Amazone, bij de monding eerder aan de Nijl.

Ten noorden van het dorpje Léon staan twee houten paviljoens aan het Lac de Léon. Het linker is het **Maison de la Réserve** ▮ met een expositie over het ecosysteem van het beschermde natuurgebied, waar otters, muskusratten, ringslangen, ijsvogels, witte reigers en wouwapen leven. Het rechter is het **Pavillon des Bâteliers** ▮, dat toegang biedt tot de kleurige bootjes. Eerst vaar je het over het rimpelloze **meer** ▮ naar de westoever, waar de **Courant d'Huchet** ▮ het water van het Lac de Léon naar zee afvoert.

Boottocht waarbij je moet uitstappen

De moerassige oevers komen steeds dichter bij elkaar, tot een versperring van balken de rivier lijkt af te grendelen. De bâtelier stuurt de boot behendig door een opening tussen twee houten balken van deze vroegere palingfuik **La Nasse** ▮. De rivier wordt nog smaller en het gebladerte van de bomen op de oevers raakt bijna de boot. De *bâtelier* wijst wijst op een roze bloeiende moerashibiscus, zeldzame varens en hoge cipressen.

Bij de **Pas du Loup** ▮ camoufleren de dennen en kurkeiken op de steile oevers de vroegere duinen. Daarna vaart de boot om een bebost eiland heen en wordt de terugweg ingezet. Net voor de palingfuik moeten de passagiers uitstappen en een paar honderd meter over de oever lopen omdat de stroming te sterk is.

Vogels spotten en zwemmen

Voor het tweede deel van deze tocht ga je vanaf het Lac de Léon naar Moliets-et-Maa, waar de

P
PEDDELEN

Rond 1920 kwamen de eerste toeristen, die zich door de vissers vanuit Léon op platbodems heen en terug over de rivier lieten vervoeren. Tegenwoordig hebben professionele **schippers** die inspannende taak overgenomen (www. bateliers-courant-huchet. fr, apr.-sept., boottocht per persoon € 13 voor 2 uur, € 18 voor 3 uur, € 23 voor 4 uur, tijdig reserveren!). De vroegere president François Mitterrand liet zich ooit vroeg in de ochtend over het water vervoeren om helder te kunnen nadenken.

D328 afbuigt naar het paviljoen van het **Réserve Naturelle Pichelèbe** . In dit houten paviljoen worden 's zomers exposities over het beschermde natuurgebied gehouden. Bij de parkeerplaats begint een wandelroute langs de benedenloop van de Courant d'Huchet, die na 4 km uitkomt bij de imposante duinen en de Atlantische Oceaan.

Maar eerst wandel je door een schaduwrijk bos met kurkeiken en dennen. Pas na een tijdje bespeur je het gedempte geluid van rollende oceaangolven. Bij **Marais de la Pipe** kun je vanuit een hut vogels observeren. Vaak zie je wel eenden, witte reigers en meeuwen in het moerasgebied. De wandeling wordt zwaarder, omdat de bodem zanderiger wordt. De dennen staan nu langs goudgele duinen, waarlangs de rivier tussen het riet door kronkelt: van Amazone naar Nijl.

De duinen worden hoger, de oceaan klinkt luider. De rivier ontwijkt de duinen tot hij op het strand aankomt bij de **monding** waar de huizen van **Moliets-Plage** boven de duinen uitsteken. Na een duik in zee of een pauze in het dorpje wandel je dezelfde route terug naar het beginpunt van de tocht.

N NOG IETS

Zijn er kleine **kinderen** mee op vakantie? Het ondiepe water van de Étang de Léon is een fijn alternatief voor de woeste oceaan. Langs het meer liggen stranden, zoals bij de steiger van de *bâteliers* en op de noordoever bij Vieille.

Een bedreigde diersoort: de prachtige ijsvogel.

INFO EN OPENINGSTIJDEN

Maison de la Réserve : Léon, 374, rue des Berges du Lac, tel. 05 58 48 73 91, www.reservenaturelle-couranthuchet. org, apr.-sept. dag. 10-12,14-17 uur, okt.-mrt. za.-zo. gesl., gratis, wandelkaart € 1. Wandeltochten met gids op vaste tijden, € 5 per persoon.
Chalet de Pichelèbe : juli-sept. dag. 10-12.30, 14-17 uur.

ETEN EN DRINKEN

Na een wandeling kun je terecht bij **Chez Vincent – La Table de l'Océan**. De vishandelaar Vincent uit Léon gaat in de zomer naar het parkeerterrein bij het strand van Moliets-Plage om tapas, sushi en visgerechten te serveren

(7, av. de l'Océan, tel. 05 58 41 64 79, Pasen-Allerheiligen wo.-zo., juli-aug. dag., dagschotel € 10, menu € 27-30).

Uitneembare kaart: 2, B 13 | Duur: 1 dag, boottocht 2 uur, wandeling van 8 km, tussenstop om te zwemmen

Wie vindt wat hij zoekt, heeft geluk gehad. Met de hulp van een metaal-detector is de kans iets groter.

en kreeg het dorp zijn huidige naam: Vieux Boucau betekent dan ook 'oude monding'. Het strand-toerisme blies Vieux-Boucau nieuw leven in. Er is nu ook een nieuw Port-Albret, want zo heet het vakantiepark bij het 60 ha grote zoutmeer bij het dorp. In het noor-den loopt de exotische Courant d'Huchet, waar boottochten wor-den georganiseerd (▶ blz. 82).

⌂ Aan het water
Camping Les Oyats
Deze viersterrencamping met vijfhonderd plaatsen en veel comfort ligt in de natuur op 500 m van het ongerepte strand. Enorm veel activiteiten, met boogschie-ten, ponyrijden, jeu de boules, verhuur van fietsen en surfmateriaal, tennisbaan, buitenbad en openluchtbioscoop.
Rte. de la Plage des Casernes (aan de D337 van Seignosse richting strand), tel. 05 58 73 53 96, www.campinglesoyats.fr, mei-sept., afhankelijk van seizoen € 25-35 voor 2 personen; ook stacaravans, afhankelijk van seizoen € 350-1450 per week voor 4-5 personen

⌂ In het bos
L'Orée de la Forêt
Dit huis in de authentieke stijl van Lan-des staat aan de rand van een dennen-bos van 5 ha met een eigen vijver. De

vijf kamers hebben een eigen voordeur. In de tuin kun je van de zomerse keuken genieten.
536, impasse des Tonnes, tel. 05 58 49 81 31, www.loreedelaforet.com, 2 pk met ontbijt € 66-96

⌂ Een nieuw leven
La Maison de la Prade
Dit prachtige pand uit de art-decotijd heeft lange tijd leeggestaan, maar is nu verbouwd tot een comfortabel 'hôtel de charme' met moderne gemakken. De kamers kijken uit op het bos of het zwembad. De inrichting is aangenaam sober; naar het strand is het 900 m.
In Messanges, Av. de la Plage, tel. 05 58 48 38 96, www.lamaisondelaprade.com, 2 pk vanaf € 104

🍴 Streekgerechten
Auberge Batby
Familierestaurant aan het meer van Soustons. Men serveert streekgerechten als gevulde parelhoen of eend met eekhoorntjesbrood. Bijzonder is de *cas-souhuète*, een cassoulet met aardnoten die uit de regio afkomstig zijn.
63, av. Galleben, tel. 05 58 41 18 80, www.auber gebatby.fr, *formule* € 18 (lunch), menu € 32-42; enkele aangename kamers, 2 pk vanaf € 86

🍴 Landelijk
Auberge Dehiou
Een landelijk restaurant met een gemoe-delijke sfeer. In de mooie eetzaal serveert men streekgerechten als eendenborst, gegratineerde aardappelen en karamel-pudding.
In Soustons, Costemale (ca. 5 km richting Magescq), tel. 05 58 41 57 02, menu € 14 (doordeweek lunch), à la carte € 27-35

🛒 Eenden en meer
La Ferme Darrigade
Bij deze eendenboerderij die al vijf generaties in de familie is, krijg je allerlei streekproducten voorgeschoteld, zoals asperges en aardnoten. Eendenproducten zijn de specialiteit.
In Soustons, D17 richting St-Geours-de-Maremme (2 km verderop), tel. 09 77 73 60 56, www. ferme-darrigade.fr, ma.-za.

🔒 Baskisch in streepjesdessin
Artiga
In de eigen winkel van de befaamde Baskische lakenfabrikant vind je veel tafellinnen met de bekende strepen.

In Magescq, 5, rue Bremontier, tel. 05 58 47 62 34, www.artiga.fr, juli-aug. ma.-di. 10-13, 14-19, wo.-za. 10-19, sept., mei-juni ma.-vr. 10-12.30, 14-18, za. 10-12.30, 14.30-18.30, okt.-apr. di.-vr. 10-12.30, 14-18, za. 10-12.30, 14.30-18.30 uur

☁ Heel veel zand
Grande Plage
Grande Plage is een eindeloos zandstrand dat bij het dorp ligt. Rustiger is het **Plage des Sablières** in het noorden. De stranden van **Port-d'Albret** aan het meer zijn voor kinderen betrekkelijk veilig. Voor rust en stilte is het **Plage des Casernes** 8 km zuidelijker aan te raden.

☁ Surfen
Vieux-Boucau Surf Club: hier leer je de perfecte golf op een perfecte manier te nemen. Materiaalverhuur, lessen van officieel erkende instructeurs.

Plage Nord, tel. 05 58 48 29 33, www.surfclub-vieuxboucau.com, het hele jaar

☁ Fietsen
Gemarkeerde routes onder andere naar Soustons en Seignosse. Fietsverhuur: **Locacycles** (19, Grande Rue, tel. 05 58 48 04 79, www.locacycles.fr).

❶ Informatie
Office de Tourisme: 11, promenade du Mail André-Rigal, tel. 05 58 48 13 47, www.tourisme-vieuxboucau.com.

....

IN DE OMGEVING
....

Twee meren, twee kleuren
Étang Blanc en Étang Noir
Étang Blanc is het grootste van de twee meren bij Seignosse (ten zuiden van Vieux-Boucau-les-Bains, 🗺 B 14) en wordt omringd door een pad. Een kanaal verbindt het met het beschermde natuurgebied bij **Étang Noir**. Dit is eigenlijk eerder een moeras dan een meer, en er groeien wel vierhonderd soorten planten. Het moeras is begaanbaar dankzij een houten vlonder *(passerelle)* met uitkijkpunten. Het **Maison de la Réserve** bij de *passerelle* is een informatiecentrum waar men ook rondleidingen voor gezinnen met kinderen aanbiedt.

Tel. 05 58 72 85 76, juli-aug. ma.-vr. 10-19, zo. 10-17, rondleiding di.-vr. 10.30, 15, anders ma.-vr. 10-12, 14-17 uur en rondleiding op afspraak, € 3,50

Op zand gebouwd
Messanges (1000 inwoners, www.ot-messanges.fr, 🗺 B 14) is een vriendelijk dorp in het noorden van Vieux-Boucau-les-Bains. Het is bekend om zijn Vin des Sables, een wijn die wordt gemaakt van cabernet franc- en cabernet-sauvignondruiven. Deze groeien op zandgrond, vandaar de naam 'zandwijn'. Deze wijn kun je proeven en kopen op het wijngoed **La Bergerie Camentron** (Chemin de Camentron, www.vin-de-sable.com, apr.-sept. 10-13, 15-20 uur). Een representatieve keus aan regionale wijnen vind je bij **Bergerie des Vignerons Landais**, met bijvoorbeeld tursan of coteaux de chalosse (Rte. des Lacs, tel. 05 58 48 95 03, www.vlandais.com, juli-aug. dag. 10-13, 16-19.30, half apr.-juni, sept. di.-za. tot 19 uur).

Voor de hond en haar baasje
François Mitterrand bezat vroeger een landhuis net buiten het rustige stadje **Soustons** (7500 inwoners, www.soustons.fr, 🗺 B 14). Het Mémorial

De eerste **hond** waarvoor tijdens het leven een monument is opgericht? Dat kan alleen voor de hond van een Franse president zijn! Baltique, de zwarte teef van François Mitterrand, is ook nog herdacht in een lied van de chansonnier Renaud. De titel was natuurlijk 'Baltique'. Uitgeverij Hachette publiceerde bovendien enkele anonieme herinneringsboeken.

13

Geluk op het platteland – **het wijngebied Gascogne**

Van de kust aan de Golfe de Gascogne hoef je maar een uurtje landinwaarts te rijden om volslagen rust en stilte te vinden. Slechts weinig toeristen komen naar deze heuvelachtige regio. Eenden en ganzen waggelen er door de weilanden, op de hellingen van de heuvels liggen wijngaarden. Dit is het hart van Gascogne.

OVERIGENS

Smullen op de boerderij: dat kan bij een bezoek aan de **Ferme-Auberge La Cave ❶**. Men serveert eend in talloze variaties (Aignan, tel. 05 62 09 23 17, www. tomasella.fr, juli-aug. dag. behalve zo.-avond, ma. en wo., anders behalve zo.-avond, ma.-do., menu € 23-39, alleen met reservering). Voor iets eenvoudigers kun je terecht bij **Brocanthé La Belle Histoire ❷**, een combinatie van salon de thé met biologische gerechten en tweedehandswinkel (Aignan, 14, pl. du Colonel Parisot, tel. 05 62 08 15 26, www. brocanthe-bellehistoire. fr, ma.-di. 9-18, do.-za. 9-22, zo. 10-14 uur, € 7-15).

Het snobisme van de bordeauxwijnboeren is ver te zoeken in de wijngaarden links en rechts van de Adour, zoals je wel merkt in **St-Mont ❶**. Op de hellingen legden benedictijner monniken in de middeleeuwen de eerste wijngaarden aan. Nu worden die geëxploiteerd door een vereniging van wijnboeren onder de naam Les Producteurs de Plaimont. De wijnen hebben een onmiskenbare smaak door druivensoorten die elders niet gebruikt worden – bij de robijnrode wijnen vooral tannat en pinenc, bij de fruitige witte wijnen gros manseng, arrufiac en petit courbu. Zij dragen bij aan de hoge kwaliteit van de wijn.

Opkomst van St-Mont en Madiran

Van het kasteel in **Termes-d'Armagnac ❷** rest alleen nog de donjon, vanwaar je een weids uitzicht hebt. In **Sabazan ❸** geven de ronde torens het 17e-eeuwse kasteel een sprookjesachtig uiterlijk. De wijngaarden rond het kasteel waren in de jaren 80 een soort pilotproject voor de wijnboeren van de A.O.C. St-Mont. In het bedrijvige **Aignan ❹** woonden ooit de graven van Armagnac. Onder de houten arcaden aan de Grande Place zijn tal van cafés en winkeltjes gevestigd.

Het knusse dorp **Madiran ❺** staat voor volle rode wijnen die heel lang kunnen liggen en waaraan de druivensoort tannat aroma's van toast en kruiden geeft. Ook de minder bekende witte wijnen hebben het keurmerk A.O.C.: Pacherenc du Vic Bilh heten ze, ofwel 'kastanjebossen van het oude land'. Ook hier hebben benedictijnen de eerste wijnstokken geplant. Er staat dan ook een klooster, waarvan de kerk met koor en crypte intact is gebleven.

Te midden van de wijngaarden

Château de Viella 6 troont boven 25 ha aan madirandruiven. In 1952 kocht de Italiaanse familie Bortolussi de ruïne van het kasteel en de wijngaarden eromheen. De besnorde kleinzoon Alain zette zich aan de wederopbouw van het kasteel. Hij legde ook een bezoekerspad door de wijngaarden aan dat uitkomt bij de wijnkelders. In de zomer worden concerten en rondleidingen gegeven, met aansluitend een lunch met eigen wijnen.

Deze tocht sluit af met het beroemdste wijngoed van de A.O.C. Madiran. **Château Bouscassé** 7 is het levenswerk van Alain Brumont, die als geen ander de druivensoort tannat internationale allure gaf. De éminence grise van deze wijnregio heeft voor bezoekers een pad door zijn wijngaarden van 300 ha aangelegd.

Le bonheur est dans le pré was halverwege de jaren 90 de titel van een populaire film waarmee de carrière van Gascogne begon als bestemming voor Fransen die het leven in de stad moe zijn. Het verhaal ging over blije dorpsbewoners en het rustige levensritme op het platteland. Overigens hebben de inwoners van Gascogne de hoogste levensverwachting van alle Fransen.

INFO EN OPENINGSTIJDEN

Les Producteus de Plaimont/Cave de St-Mont: Rte. d'Orthez, St-Mont, www. plaimont.com, sept.-juni ma.-za. 9-12.30, 14.30-19, zo. 10-19, juli-aug. ma.-za. 9-19, zo. 10-19 uur.
Maison des Vins de St-Mont: Rue St-Barbe, St-Mont, www.vins-saintmont.com.
Maison des Vins de Madiran et du Pacherenc du Vic Bilh: 4, rue de l'Église, Madiran, www.madiran-story.fr, juli-aug. ma.-za. 9.30-18.30, zo. 10-18, anders di.-za. 9-12.30, 14-17.30 uur.
Château de Viella 6: Rte. de Maumusson, Viella, www.chateauviella.fr, ma.-za. 8-12.30, 14-19 uur.
Château Bouscassé 7: Maumusson, Laguian, www.brumont.fr, ma.-vr. 9-12.30, 14-18 uur.

OVERNACHTEN

Castel de Fonpré 1: Arricau Bordes, tel. 05 59 68 25 50, www.frenchcountry

holiday.net, minimaal 3 nachten, 2 pk met ontbijt € 160-255 (3 nachten), vakantiehuis (2 personen) € 300-570 per week. Herenhuis met drie charmante chambres d'hôte en een vakantiehuis in het bijgebouw. Met zwembad en uitzicht op de Pyreneeën.

François Mitterrand, een 2,20 m hoog standbeeld van de staatsman met zijn labradorteef Baltique, herinnert hier nog aan. De opwinding die een verblijf van de president met zich meebracht, is allang verleden tijd.

Hossegor 🗺 B 14

Het plaatsje Hossegor (3800 inwoners) komt chic, elegant, trendy en jong over. Daarvoor zorgen de surfers die je hier overal tegenkomt, en de coole winkels met surfmateriaal. Ook de Franse surfbond heeft hier zijn zetel. Overigens is het verboden met ontbloot bovenlijf over straat te lopen. Daarvoor zorgt de andere belangrijke clientèle van het tusen strand, binnenwater en kanalen gelegen Hossegor, die het liefst op de golfbaan staat.

Lokale art deco
Het stadsbeeld wordt bepaald door enkele villawijken, deels in Baskische stijl, deels in de stijl van Landes, met de elegantie van art deco. Bijzonder chic zijn de panden langs de Avenue du Golf, Avenue Gaujacq (met het casino uit de jaren 30) en Avenue Jean Rameau. Bij het Office de Tourisme is een brochure hierover verkrijgbaar.

⌂ Met het oog op het meer
Le Pavillon Bleu
Modern hotel met ruime kamers met balkon. Aan het Lac d'Hossegor gelegen.
1053, av. du Touring Club, tel. 05 58 41 99 50, www.pavillonbleu.fr, 2 pk vanaf € 89

⌂ Luxe aan het meer
Les Hortensias du Lac
Deze voorname villa uit de jaren 30 staat aan het Lac d'Hossegor. Aan de voorkant strekt zich het meer uit, terwijl de villa verder wordt omringd door dennenbossen. Luxeuze kamers die in het laagseizoen betaal zijn.
1578, av. du Tour-du-Lac, tel. 05 58 43 99 00, www.hortensias-du-lac.com, 2 pk vanaf € 105

⌂ Cool design
202
Fraai nieuw gebouw tussen het centrum en de golfbaan. Cool design van de kamers, groot balkon, een jong en trendy publiek.
202, av. du Golf, tel. 05 58 43 22 02, www.hotel202.fr, 2 pk vanaf € 120

🍴 Lekkere vis
Poissonnerie Capa
Vishandel met eettent. Lekkere sardines of calamares van de grill, mosselen in Spaanse stijl. Paella en veel andere gerechten om mee te nemen.
523, av. du Touring Club, tel. 05 58 41 72 91, apr.-sept. dag. 8-12.30, 16-19 uur, anders zo.-middag en ma. gesl., dagschotel vanaf € 12

🍴 Vis voor fijnproevers
Jean des Sables
Vanuit de minimalistisch ingerichte eetzaal met gladde betonvloer kijk je uit op zee. De visgerechten van Patrice Lubet zijn innovatief en gebaseerd wat de vissers van Hossegor aanleveren. Deze luxe is beslist een aanrader.
121, bd. de la Dune, tel. 05 58 72 29 82, www.jeandessables.com, ma.-wo. 's middags, half juni-half sept. ook vr.-middag, anders ma.-di. gesl., menu € 34 (lunch), anders € 60-83

🛍 Materiaal voor surfers
Rip Curl
Fabrieks- en outletverkoop van de fabrikant van surfboards en surfaccessoires. In de Zone d'activité Pedebert (4 km oostelijk) zijn ook outletcenters van Billabong en Oxbow-Quiksilver.
407, rte. de la Tuilerie, di.-za. 10-13, 15-19, juli-aug. ma.-za. 10-19 uur

☼ Uit met coole surfers
De surfgemeenschap treft elkaar 's avonds in de bars van Place des Landais, zoals **Rock Food**, **Havanna Beach**, **Casablanca** of **Dick's Sand Bar** – die allemaal tot 2 of 3 uur geopend zijn.

◔ Eindeloze stranden
Vlak bij Hossegor liggen diverse stranden: **Plage Notre-Dame**, **Plage Sud**,

Plage Centrale. In het noorden vind je vervolgens **Plage de la Gravière**, **Plage des Naturistes** (voor naturisten), **Plage des Estagnots** – deze zijn allemaal ook geliefd bij surfers vanwege de hoge golven. Kindvriendelijk zijn vooral de stranden aan het kalme **Lac d'Hossegor**, zoals Plage du Parc, Plage del Rey, Plage Blanche en Plage des Chênes lièges.

🌀 Surfen
Surf Trip
De surfschool van Hossegor biedt lesssen met overnachting aan. Heel praktisch.
Plage Sud, Pl. du Point d'Or, tel. 05 58 41 91 06, www.surftrip.fr

🌀 Wandelen
Een kaart met 25 wandelroutes aan zee, in het bos en rond het meer is voor € 2 verkrijgbaar bij het Office de Tourisme.

❶ Info en evenementen
Office de Tourisme: 166, av. de la Gare, tel. 05 58 41 79 00, www. hossegor.fr.

Roxy Pro France: okt., wereldkampioenschap surfen voor vrouwen.
Quiksilver Pro France: okt., wereldkampioenschap surfen voor mannen
Feu d'Artifice: 14 juli op het strand van Hossegor, groot vuurwerk op de nationale feestdag.

IN DE OMGEVING

Stad van zeevaarders
In de middeleeuwen was **Capbreton** (8200 inwoners, 📖 kaart 2, B 14) de 'stad van honderd kapiteins' – tot in de 14e eeuw kwam de Adour hier uit op zee. Toen verzandden de riviermonding en de haven. In de 19e eeuw werd Capbreton door de Passe du Boucarot weer met zee verbonden en het floreert sindsdien als vissershaven. Tegelijk kwam het als badplaats in de belangstelling. Een heel andere wereld ontvouwt zich landinwaarts in de wijnstreken **St-Mont**, **Madiran** en **Côtes de Gascogne**: hier heerst vooral rust (▶ blz. 86, www. capbreton-tourisme.com).

Pure ontspanning! Hier gaat de droom van veel mensen met stress, ergernis of oververmoeidheid in vervulling.

De Baskische kust

Frankrijk is ook nog spectaculair op de laatste kilometers voor de grens met Spanje. Vol woeste kracht beuken de oceaangolven op de Baskische kust, blazen zilte nevelwolken over land en trekken zich met dof geruis weer terug. Schuimspatten vliegen over de kustweg. Huizenhoge golven werpen zandhopen op de rijweg op. In het achterland strekken glooiende groene heuvels zich uit naar de 900 m hoge La Rhune. De voor Basken aan beide zijden van de grens heilige berg markeert de overgang van Frankrijk naar Spanje, maar niet voor het Baskenland.

Bayonne 🗺 kaart 2, B 15

Het statige Bayonne (46.000 inwoners) ligt aan de samenvloeiing van Nive en Adour. Je ziet er talloze gevels met gesneden natuursteen en Baskisch vakwerk. De wijk Grand Bayonne wordt gedomineerd door het imposante Château Vieux, de wijk Petit Bayonne door het grote Château Neuf. Verder bepalen bistro's, delicatessenzaken en bodega's het straatbeeld. Je merkt alleen niets van de Atlantische Oceaan, waar de Adour 5 km ten westen van de stad in uitmondt.

BEZIENSWAARDIGHEDEN

Wandelen door Grand Bayonne
Grand Bayonne is overdag de levendigste van de twee door de Nive gescheiden wijken. Je vindt er winkels in bijna alle huizen, en het warenhuis in art-decostijl **Galeries Lafayette** in de Rue Thiers. Hier kopen de inwoners van Bayonne wat er thuis nodig is: ham, chocolade, linnengoed in Baskisch streepjesdessin, zwemkleding voor een dagje op het strand. Te midden van de winkels staat de gotische kathedraal **Ste-Marie** 1 (Pl. Mgr. Vansteenberghe, ma.-za. 10-12, 12.45-18.45, zon- en feestdagen 10-11.15, 12.45-18.45 uur). Dit imposante godshuis maakt deel uit van de Sint-Jacobsroute en staat op de UNESCO-Werelderfgoedlijst. De **laatgotische kruisgang** van het aangrenzende klooster (ingang Rue Pasteur, half mei-half sept. 9-2.30, 14-18, anders tot 17 uur) is een van de grootste van Frankrijk en een oase van rust. Via de **Rue des Gouverneurs**, een van de weinige niet-verkeersluwe straten in deze buurt, kom je bij het **Château Vieux** 2. Dit 'oude kasteel' werd eind 11e eeuw gebouwd door de graaf van de Baskische provincie Labourd. Tegenwoordig wordt het door ronde torens geflankeerde bouwwerk gebruikt door het Franse leger: verboden voor burgers. De **Porte d'Espagne** 3 aan de zuidkant van Grand Bayonne maakt deel uit van de stadsmuur. Deze stadspoort uit de 17e eeuw was vroeger een flessenhals op de route naar Spanje. Aan de zuidkant zijn grote stukken van de stadsmuur behouden gebleven: ze stammen deels uit de Romeinse tijd, en zijn deels door Frans I in de 16e eeuw gebouwd en in de 17e eeuw verder versterkt door Vauban. Via de Rue des Basques kom je bij de **markthal** ℹ, met aan de oostkant de kaden aan de Nive. Hier zijn prachtige gevels te zien, zoals het laatgotische **Maison Moulis** op de hoek met de Rue Poissonnerie en het **Hôtel de Brethous** in barokstijl op de hoek met de Rue Bernède – de kaden zijn duidelijk de representatieve kant van de wijk. Mooi vakwerk en arcaden zie je in de **Rue du Port-Neuf**, waar diverse chocolatiers zijn gevestigd. Na deze zoete verleiding ga je in de richting van de Place de la Liberté met het kolossale **Hôtel de Ville en Théâtre** 4 in neobarokstijl. Hierachter komt de Nive uit in de Adour.

Bezienswaardig in Petit Bayonne
Petit Bayonne, een wat volksere wijk in de oude stad, wordt gekenmerkt door veel cafés en bars. 's Avonds is er dan ook volop activiteit. Overdag is een wandeling door de wijk ook zeker de moeite waard. Neem bijvoorbeeld eerst een kijkje in het **Musée Basque** 5 in het Maison Dagoritte, een rederspaleis uit de renaissance op de rechteroever van de Nive. Dit is het volkenkundig museum van Baskenland. Alleen al het prachtige gebouw rond een patio is een bezoek waard. In twintig zalen vind je alles over de geschiedenis van Baskenland en Bayonne, met een maquette van de haven rond 1805, werken van Baskische kunstenaars en een film over het leven van alledag in het Baskenland van de 19e eeuw. Verder aandacht voor het spel pelotte, chocolade en Baskische faïence (37, quai des Corsaires, www.museebasque.com, juli-aug. dag. 10-18.30, do. tot 21.30, anders di.-zo. 10-18.30 uur, € 6,50, tot 26 jaar gratis). Het om de hoek gelegen **Musée Bonnat** 6 (5, rue Jacques Lafitte, www.

museebonnat.bayonne.fr) is momenteel
gesloten wegens renovatie. De collectie
schilderijen van Rubens, El Greco, Goya,
Ingres en Degas is ergens in 2019 weer
te bezichtigen. Voor nu is er nog het
Château Neuf 7 als bezienswaardigheid (Pl. Paul Bert). Het in 1498 voltooide
kasteel biedt onderdak aan de universiteit
en aan het bestuur van het Musée Basque. Je ziet er veel jonge mensen.
De **Rue des Tonneliers** (kuipers)
herinnert eraan dat hier vroeger de cider-
makers van Bayonne gevestigd waren.
In het straatje vind je nu vooral bars en
cafés. De oudste bodega van de stad is
Trinquet St-André in de Rue du Jeu-
de-Paume (nr. 4), met een drie eeuwen
oude zaal voor Baskische spelen. Een
kroegenstraat is de **Rue Pannecau**.

*Als een caleidoscoop: het gewelf van
de kathedraal in Bayonne is adembenemend mooi.*

uit over de oude stad en de Pyreneeën.
De kamers aan de waterkant zijn met
een open raam helaas wel rumoerig.
1, pl. de la République, tel. 05 59 55 08 08, www.
ibis.com, 2 pk vanaf € 79, let op aanbiedingen
op internet

ETEN, SHOPPEN, SLAPEN

Overnachten

Heel vriendelijk
Hôtel des Basses-Pyrénées 1
Dit charmante hotel, dat deels op de oude
stadsmuur steunt, heeft een vriendelijke
sfeer. De inrichting van de kamers met
een mix van vintage en design draagt de
signatuur van de eigenaresse.
12, rue Tour-de-Salt, tel. 05 59 25 70 88, www.
hoteldesbassespyrenees.com, 2 pk vanaf € 80

Hogerop
La Villa 2
Dit hagelwitte herenhuis staat net iets
buiten en boven Petit Bayonne – vanuit
de Italiaans aandoende tuin heb je een
weids uitzicht over de Nive en de Adour.
De tien kamers zijn gezellig ingericht,
mede met antieke objecten.
12, chemin de Jacquette, tel. 05 59 03 01 20,
www.bayonne-hotel-lavilla.com, 2 pk vanaf € 90

Twee eeuwen oud maar niet grijs
Ibis Styles Bayonne 3
Dit twee eeuwen oude huis aan de
Adour is sinds kort een designhotel van
een hotelketen. De kamers zijn hip, fris
en met felle kleuren ingericht. Je kijkt

Eten en drinken

Knus en landelijk
La Grange 1
Strengen chilipepers en vondsten van
de vlooienmarkt geven deze bistro een
landelijk sfeertje dat goed past bij de
smakelijke, Baskisch getinte keuken.
Het mooist zit je op het terras onder de
arcaden aan de rivier: dit is dan ook een
populair plekje.
26, quai Galuperie, tel. 05 59 46 17 84, dag.
behalve di.-middag, menu vanaf € 24

De hemel hangt vol ham
Chez Txox 2
De authentiekste sidreria (ciderbar) van
Bayonne. Je zit aan lange tafels onder
hammen die aan het plafond hangen.
Stevige gerechten, zoals speenvarken
met eekhoorntjesbrood, maar ook
tapas. En cider uit het vat. Fijn terras
aan de Nive.

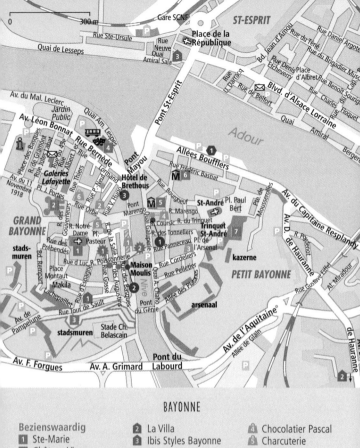

BAYONNE

Bezienswaardig
1. Ste-Marie
2. Château Vieux
3. Porte d'Espagne
4. Hôtel de Ville/Théâtre
5. Musée Basque
6. Musée Bonnat
7. Château Neuf

Overnachten
1. Hôtel des Basses-Pyrénées

2. La Villa
3. Ibis Styles Bayonne

Eten en drinken
1. La Grange
2. Chez Txox
3. La Table de Pottka

Winkelen
1. Markthal
2. Daranatz
3. Pierre Ibaïalde

4. Chocolatier Pascal
5. Charcuterie Montauzer
6. Mokofin

Uitgaan
1. Chai Ramina
2. Cabaret Luna Negra

Sport en activiteiten
1. Le Coursic

49, quai Jauréguiberry, tel. 05 59 59 16 80, dag., menu € 26

Parijs of Bayonne?
La Table de Pottka ❸
Sébastien Gravé, chef-kok van de momenteel populairste bistro van Bayonne, heeft eerder in de nationale hoofdstad Parijs met succes leiding gegeven aan een gelijknamig restaurant. Nu maakt hij furore in zijn geboortestreek met lichte en modern geïnspireerde streekgerechten.
21, quai Amiral-Dubourdieu, tel. 05 59 46 14 94, www.pottka.fr, ma.-za., *formule* € 20, menu € 25 (doordeweek lunch), anders € 35-45

Winkelen

In de wijk Grand Bayonne vind je een unieke delicatessenzaak en verder een geweldig aanbod in de **oude markthal** aan de Quai du Commandant Roquebert: 22 producenten en kooplui verkopen elke dag Baskische kaas, worst, ham, honing, gevogelte, fruit, groente en nog veel meer.

Ma.-vr. 7-13.30, za. 6-13.30, zo. 8-13.30 uur

Chocoladekoning
Daranatz

Volgens veel inwoners van Bayonne is dit de allerbeste chocolatier, en dat al sinds 1890. Heerlijk: chocolade met chilipeper, een boterzachte *ganache* (met room) of een stevige *bouchée* (bonbon).

15, rue du Port-Neuf, tel. 05 59 59 03 55, www.daranatz.fr, ma. 10-19, di.-za. 9.15-19 uur

Hammen en worsten
Pierre Ibaïalde

Hier koop je niet alleen eersteklas ham *(Jambon de Bayonne)* en lekkere worsten. Je mag ook de zout- en droogkamer bezichtigen tijdens een rondleiding van 40 minuten.

41, rue des Cordeliers, tel. 05 59 25 65 30, www.pierre-ibaialde.com, 's winters di.-vr. 9-12.30, 14-18, 's zomers ma.-za. 10-13.30, 14.30-18.30 uur

Om te eten of te drinken
Chocolatier Pascal

Pascal Moustirat maakt ook deel uit van het gilde van chocolatiers. Naast zijn winkel heeft hij een salon de thé met de beste chocolade om te drinken van Bayonne en heerlijk chocolade-ijs.

32, quai Galuperie, tel. 05 59 52 96 49, di.-za. 10-19 uur

Bijzondere worsten
Charcuterie Montauzer

De beroemde slager uit Guiche in het dal van de Adour heeft een winkel in Bayonne. Heerlijk: jambon Ibaïama en de scherp gekruide *boudin* (bloedworst).

17, rue de la Salie, tel. 05 59 59 07 68, www.montauzer.fr, di.-za. 9-12.30, 13.30-18.30 uur

Waarom wordt er in Bayonne eigenlijk cider gedronken? Deze door Noormannen gedronken appelwijn kwam door een huwelijk naar het Baskenland. Deze regio werd namelijk in de 12e eeuw Engels door het huwelijk van Eleonora van Aquitanië met de Engelse koning Hendrik Plantagenet. Net als Normandië. Sindsdien vloeit hier de cider.

Voortreffelijk gebak
Mokofin

Maitena Erguy heeft haar sporen verdiend in sterrenrestaurants in Parijs, nu heeft ze hier een pâtisserie met een salon de thé. Altijd lekker zijn de *cannéles* en de *gâteaux basques*.

27, rue Thiers, tel. 05 59 59 04 02, www.mokofin.com, di.-za. 8-19, zo. 8-13 uur

Uitgaan

Het gaat pas echt goed los in Bayonne als er een van de vele stadsfeesten wordt gevierd, er een rugbywedstrijd wordt gehouden of er tijdens een *feria* runderen door de arena gejaagd worden – en dan vooral in de wijk Petit Bayonne.

Vrolijk en feestelijk
Chai Ramina

Ramina doet het rustig aan, maar de winkel bruist van leven. Er heerst een vrolijke sfeer met rugbyspelers aan de bar en volop feest tijdens een *feria* en andere stadsfeesten – echt Baskisch.

11, rue Poissonnerie, tel. 05 59 59 33 01, di.-do. 9.30-20, vr.-za. tot 2 uur

Zang en toneel
Cabaret Luna Negra

De 'Zwarte maan' biedt een podium voor chansons, theater en lezingen.

7, rue des Augustins, tel. 05 59 25 78 05, www.lunanegra.fr, wo.-za. 19-2 uur

Typerend voor Bayonne: kleuraccenten van vensterluiken in de oude stad.

🔵 Sport en activiteiten

Vanuit de boot gezien
Le Coursic ❶
Boottochten op Adour en Nive – mooier dan aan boord van de in Nederland gebouwde excursieboot zie je het silhouet van Bayonne aan het water nergens.
Ponton des Allées Boufflers, tel. 05 59 25 68 89, www.adour-loisirs.com, half feb.-dec., € 12-38

INFORMATIE

Bayonne Tourisme: 25, pl. des Basques, tel. 05 59 46 09 00, www. bayonne-tourisme.com.

EVENEMENTEN

Foire du Jambon: Pasen. Feest in het teken van de ham met sterke aanwezigheid van het gilde van hamproducenten.
Journées du Chocolat: vr.-za. na Hemelvaartsdag. Het grote chocoladefeest is een show van de lokale chocolatiers. Volop proeven!
Fêtes de Bayonne: 3e week van juli, www.fetes.bayonne.fr. Baskisch feest met muziek, dans, stierengevechten.

Biarritz 🗺 kaart 2, A 15

Het schouwspel van woeste golven maakte keizer Napoleon III en zijn vrouw Eugénie zo enthousiast dat Biarritz (30.000 inwoners) uitgroeide tot een van de grote mondaine badplaatsen van Europa. Honderd jaar later maakte een Amerikaan Biarritz daarnaast tot een hotspot van de internationale surfwereld. Filmregisseur Peter Viartel zag de golven in 1957 en liet zijn surfplank uit Amerika overbrengen. Nu is Biarritz de badplaats van welgestelden en het mekka van surfers voor wie geen golf te hoog is. De plaats zelf is een mix van belle époque en beton.

BEZIENSWAARDIGHEDEN

Keizerlijke en koninklijke sporen
De witte, in 1831 op de rotspunt Pointe St-Martin gebouwde **vuurtoren ❶** *(phare)* biedt een fantastisch uitzicht over de zandstranden, rotsen met kloven en met villa's bebouwde heuvels van Biarritz. De top van de 73 m hoge toren bereik je via 248 traptreden (dag. mei-juni, sept.

14-18, juli-aug. 10-13.30, 14-19, anders za.-zo. 14-17/18 uur, € 2,50). Onderweg naar de stad zie je boven het **Grande Plage**, het strand van Biarritz, het **Hôtel du Palais**. Tot 1869 brachten Napoleon III en zijn vrouw de zomers door in Villa Eugénie, waarvan het grondplan de 'E' van Eugénie vormt. Nu is het pompeuze bouwwerk een chic hotel. Binnen gaat de pracht van het Second Empire gepaard met de allerhoogste luxe (www. hotel-du-palais.com). Een omweg via de met een grijs-gouden koepel bekroonde **Russisch-orthodoxe kerk** in de Avenue de l'Impératrice – ook de tsaar was dol op Biarritz – brengt je bij de **Chapelle Impériale** 2 aan de naar de Britse koningin vernoemde Avenue de la Reine Victoria. De kapel in Spaans-Moorse stijl werd gebouwd in opdracht van keizerin Eugénie en is gewijd aan de Mexicaanse Nuestra Señora Guadalupe (juni-sept. do., za. 14-17/18 uur, okt.-mei alleen za., € 3 met rondleiding).

Het ruwe leven van de vissers
De **Port des Pêcheurs**, de oude vissershaven, wordt beschut door hoge kademuren. De bootjes liggen dan ook niet erg te schommelen en de alpino's dragende oude heren zitten beschermd tegen schuim en golven. Het **Musée de la Mer** 3 is een gebouw uit 1933 in art-decostijl waaraan een ultramodern, in de zijkant van de rotsen verzonken vleugel is toegevoegd. Dit maritiem museum is voorzien van aquariums, krabbenlagune, koraalrif en een bassin met haaien. Zo zie je wat er allemaal leeft in de Golfe de Gascogne en in de wereldzeeën. Op de eerste verdieping geeft een expositie een beeld van de ontwikkeling van de haven van Biarritz. Ook zie je hier een walvisskelet: Biarritz was ooit een grote haven voor de walvisjacht (Plateau Atalaye, www.museedelamer.com, nov.-mrt. di.-zo. 9.30-19, apr.-okt. dag. 9.30-20, juli-aug. 9.30-24 uur, € 14,50, combikaartje met Cité de l'Océan et du Surf € 18,50; tip: de zeehonden worden gevoerd om 10.30, 17, de haaien (met commentaar tijdens schoolvakanties) ma., wo., vr.-za. om 14 uur). Een metalen brug achter het museum leidt naar de **Rocher de la Vierge** 4. Op deze rots troont sinds 1865 een madonna, met zicht op de woelige zee.

MUSEA

Chocoladegeheimen
Planète Musée du Chocolat 5
In dit museum kom je alles te weten over de geschiedenis en de geheimen van chocolade en de Baskische affiniteit daarmee. Het begint met de cacaobonen, de Mexicaanse oorsprong van chocola en het succes ervan in Baskenland. Uiteraard is er ook een winkel waar een ruime keus aan chocolade te koop is.
14, av. Beaurivage, tel. 05 59 23 27 72, www. planetemuseeduchocolat.com, dag. 10-12.30, 14-18.30, juli-aug. 10-19 uur, € 6,50

Heel veel over surfen
Cité de l'Océan et du Surf 6
Het gebouw in de vorm van een golf is een ontwerp van de surfende Amerikaan Steven Holls. Het werd in 2012 door een internationale jury verkozen tot 'Building of the year'. Achter de fraai gevormde muren van beton en glas maak je kennis met de oceaan in twaalf etappes. Het is zeker niet alleen interessant voor surfers. Het supermoderne museumconcept neemt je mee naar de Bermudadriehoek, de onderzeese canyons van Capbreton en een reusachtige octopus. Megacool: met een 3D-bril kun je virtueel surfen.
1, av. de la Plage, La Milady, tel. 05 59 22 75 40, www.biarritzocean.com, nov.-mrt. di. zo. 13-19, anders dag. 10-19, juli-aug. tot 22 uur, € 11,50, gratis shuttle van/naar Musée de la Mer, combikaartje met Musée de la Mer € 18,50

ETEN, SHOPPEN, SLAPEN

🏠 Overnachten

Terras aan het strand
Biarritz Camping
De enige camping van de stad ligt op enkele terrassen 500 m boven het Plage de Milady in de wijk Ilbarritz. In juli en

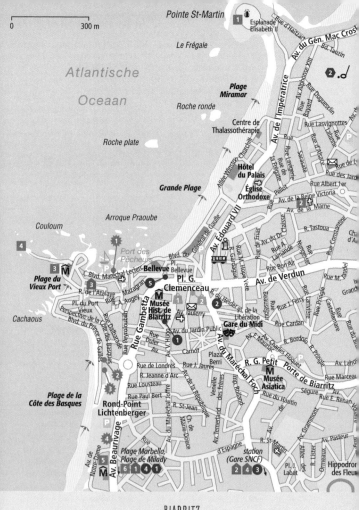

BIARRITZ

Bezienswaardig
1 Vuurtoren
2 Chapelle Impériale
3 Musée de la Mer
4 Rocher de la Vierge
5 Planète Musée du Chocolat
6 Cité de l'Océan

Overnachten
1 Biarritz Camping
2 Arima

3 Villa Le Goéland
4 Laminak

Eten en drinken
1 Le Bistro des Halles
2 Sissinou
3 Les Rosiers
4 Le Sin
5 Miremont

Winkelen
Maison Aroustéguy

Henriet

Uitgaan
1 Crampotte
2 Côte 57
3 Bar de la Côte
4 Etxola Bibi

Sport en activiteiten
1 Biarritz Surf Training
2 Golf Biarritz Le Phare

augustus rijdt er tot 5 uur een nachtbus tussen de camping en het centrum. Goede uitrusting, veel schaduw en zeer gezinsvriendelijk. Zwembad, snackbar en supermarkt.

28, rue d'Harcet, tel. 05 59 23 00 12, www. biarritz-camping.fr, afhankelijk van het seizoen € 20-40 voor 2 personen, stacaravan vanaf € 330 per week, apr.-begin okt.

Cool en gezellig
Arima 2

Annie en Marc verhuren drie kamers in hun Baskische villa met cool design en antiek. Bij al dit cool design blijft het accent liggen op gezelligheid. Er is ook een klein zwembad.

17 tot, rue Larrepunte, tel. 06 88 46 78 46, www.arima-biarritz.com, 2 pk € 75-130, 's zomers minimaal vier nachten

Boven op de rotsen
Villa Le Goéland 3

Deze kasteelachtige villa ligt stoer op de rotsen. Het uitzicht vanuit de vier ruime kamers is dan ook fenomenaal. De villa is een beschermd monument; de commodes, leestafel en oosterse tapijten zijn sinds lang familiebezit. Tip: de kamer Goéland heeft een terras van 30 m^2.

12, rue de l'Atalaye, tel. 05 59 24 25 76, www. villagoeland-biarritz.com, 2 pk vanaf € 130

Gerenoveerde boerderij
Laminak 4

Deze knusse, drie eeuwen oude boerderij in het achterland van Biarritz is nu een hotel in pensionstijl. Er zijn slechts twaalf kamers, de grootste in de aanbouw. Het ontbijt met zelfgemaakte jam wordt geserveerd op de veranda. Met zwembad.

Arbonne (7 km zuidelijk), 3, rte. de St-Pée, tel. 05 59 41 95 40, www.hotel-laminak.com, 2 pk vanaf € 80

Eten en drinken

Supergoed
Le Bistro des Halles 1

Deze bistro staat bij de markthal, vandaar de naam. Zowel geliefd bij de inwoners van Biarritz als bij toeristen omdat de

Eind jaren 70 opende Louison Bobet, die in de jaren 50 de Tour de France driemaal won, in Biarritz het eerste centrum voor **thalassotherapie** aan de Baskische kust. Nu heeft de Baskische kust met vijf centra de hoogste dichtheid van Frankrijk (www.thalassocotebasque.com).

sfeer, keuken en prijzen super zijn. Aanrader: gegrilde zalm met dragonrijst.

1, rue du Centre, tel. 05 59 24 21 22, zo. gesl., menu € 14

Innovatief
Sissinou 2

Een bistro van de nieuwe generatie, wat klein, maar met relaxte bediening en een innovatieve keuken.

5, av. Mar. Foch, tel. 05 59 22 51 50, buiten aug. zo.-ma. gesl., aug. alleen 's avonds, dagschotel € 20, menu lunch € 40, anders € 60

Heel ongewoon
Les Rosiers 3

Andrée en Stéphane Rosier brengen de Baskische keuken naar een hoog niveau. Het resultaat is eersteklas, de sfeer in het mooie Baskische pand blijft ontspannen. Heerlijk: pannetje·wilde garnalen met amandel-courgettezanddeegtaart.

32, av. Beau Soleil, tel. 05 59 23 13 68, www. restaurant-lesrosiers.fr, ma. behalve 's avonds in aug., di. behalve 's avonds in juli-aug. gesl., menu ma.-vr. lunch € 39, anders € 85

Moderne streekgerechten
Le Sin 4

Dit coole restaurant in de Cité de l'Océan verenigt een moderne regionale keuken met design. Op het terras heb je uitzicht op het Château d'Ilbarritz en de Atlantische Oceaan.

1, av. de la Plage, tel. 05 59 47 82 89, www. le-sin.com, zo.-avond, sept.-juni ook ma. gesl., formule € 20, menu € 30

Salon de thé
Miremont
Deze mooie theesalon uit de tijd van het Second Empire is in de namiddag het domein van petitfours, taartjes en warme chocolade. Bovendien biedt het grote raam uitzicht op zee.

Bd. Général de Gaulle/Quai de la Grande Place, tel. 05 59 24 01 38, www.miremont-biarritz.fr, dag. 9-20 uur

---

🛍 Winkelen

Mooi en lekker
Maison Aroustéguy
De beste *épicerie fine* van Biarritz en dankzij de originele inrichting uit 1875 ook de mooiste. Hier vind je delicatessen als Baskisch gebak, kruiden, kaas, wijn en nog veel meer.

5, av. Victor-Hugo, tel. 05 59 24 00 52, juli-aug. ma.-za. 9.30-19.30, zo. 11-13 uur, laagseizoen zo. en ma.-ochtend gesl.

Rots van chocolade
Henriet
Heel veel chocolade, maar ook taartjes. Een aandachtstrekker is de Rocher de Biarritz die helemaal van chocolade is gemaakt.

Pl. G. Clémenceau, tel. 05 59 24 24 15, dag. 9.30-19 uur

🔆 Uitgaan

De tapasbars rond de Vieux Port, zoals **Crampotte** 🔆 (30, allée Port des Pêcheurs, apr.-juni, sept.-half nov. wo.-zo., juli-aug. dag.) zijn populaire gelegenheden. Voor een weidser uitzicht en een fantastische zonsondergang kun je het best naar de bars aan de Côte des Basques ten zuiden van de oude stad gaan. Zo heb je daar **Côte 57** 🔆 (7, bd. du Prince-de-Galles, tel. 05 59 22 27 83, dag. behalve wo. in het laagseizoen) met ligstoelen en een design met graffiti. Of **Bar de la Côte** 🔆 (50 m verderop, tel. 05 59 22 30 67, dag. behalve ma. in het laagseizoen) met een groot terras en een kleine menukaart.

Of het aangenaam eenvoudige **Etxola Bibi** 🔆 (Sq. J.-B. Lassalle, apr.-okt. dag. behalve di. in het laagseizoen) met het mooiste uitzicht op kust en heuvels.

🏊 Sport en activiteiten

Zwemmen
De stadsstranden van Biarritz zijn **Plage Miramar** en **Grande Plage**. Beide zandstranden zijn ook in trek bij surfers. Erg klein is het **Plage du Vieux Port** bij de oude haven. In het zuiden volgen het langgerekte **Plage de la Côte des Basques** en het gemoedelijke **Plage Marbella**. Nog verder naar het zuiden vind je het **Plage de Milady** met een rolstoelvriendelijke toegang.

Surfen
Biarritz Surf Training ❶
Zowel privé- als groepslessen en surfkampen in de lokale volkssport. Handig is dat er in combinatie met de cursussen ook kamers te huur zijn.

102, rue Pierre-de-Chevigné, tel. 05 59 23 15 31, www.surftraining.com

Golf
Golf Biarritz Le Phare ❷
De 18 holesbaan heeft een chique ambiance en de spelers zijn nogal gereserveerd, maar het blijft een unieke ervaring.

Av. Edith Cavell, tel. 05 59 03 71 80, www. golfbiarritz.com

INFORMATIE

Biarritz Tourisme: 1, sq. d'Ixelles, tel. 05 59 22 37 10, www.tourisme. biarritz.fr.

EVENEMENTEN

Festival Biarritz-Amérique latine: eind sept./begin okt. Het belangrijkste festival van de Zuid-Amerikaanse cinema. Een week lang films, zeer publieksvriendelijk, www.festivalde biarriotrz.com.

Wandelen
Bidart (www.bidarttourisme.com) is
een authentiek Baskisch kustdorp, 6 km
ten zuidwesten van Biarritz, met pelottemuur, kerk en mooi gemeentehuis. Bij
het dorp hoort een 5 km lange kust met
zes stranden. Op het door dicht groen
omringde Plage d'Erretegia begint de
25 km lange **kustwandelroute** naar de
grensplaats Hendaye.

St-Jean-de-Luz

◫ kaart 2, A 16

**St-Jean-de-Luz (13.500 inwoners)
is het mooiste stadje aan de Côte
d'Argent met een halvemaanvormi-
ge baai, een pittoreske promenade met een grand hôtel en een
prachtige oude stad. Bovendien is
de haven met vele kleurige bootjes
de belangrijkste aan de Baskische
kust. Kijk zeker even rond in de
oude stad met een overweldigend
aantal typisch Baskische winkeltjes
(▸ blz. 102).**

BEZIENSWAARDIGHEDEN

Wandeling door de oude stad
Het **Maison Louis XIV** markeert het hart
van de oude stad op de Place Louis XIV.
In het in 1643 gebouwde rederspaleis
heeft de jonge Lodewijk XIV, die later
Zonnekoning genoemd, in 1660 een
maand gelogeerd. Hij was hier om het
Verdrag van de Pyreneeën te onderteke-
nen voor vrede met Spanje. Tevens trof hij
hier voorbereidingen voor zijn huwelijk
met de Spaanse koningsdochter Maria
Theresia. Het pand is al 350 jaar in het
bezit van dezelfde familie, die waakt
over het behoud van het oorspronkelij-
ke interieur (www.maison-louis-xiv.fr,
rondleiding wo.-ma. Pasen/herfstvakantie
11, 15, 16, juni, sept.-half okt. 11, 15, 16,
17, juli-aug. 10.30-12.30, 14.30-18.30

uur, € 6). Lodewijk XIV en Maria Theresia
gaven elkaar het jawoord in de **Église
St-Jean-Baptiste** (Rue Gambetta,
9-19 uur). Het godshuis in barokstijl
heeft nog een kern in romaanse stijl.
Indrukwekkend zijn de houten galerijen
van enkele verdiepingen, waartoe vroeger
alleen mannen toegang hadden. Het
pronkaltaar met vier lagen van beelden
is onlangs gerestaureerd en schittert nu
weer als in de 17e eeuw. Het oudste
pand in de oude stad dateert van 1558
en staat in de schilderachtige **Rue de
la République 17** (nu: restaurant
Kaiku). De straat leidt naar het **strand,
waar aan het noordeinde** het door
Mallet-Stevens ontworpen **casino** uit
de jaren 20 staat. Als je langs het strand
terug in de richting van de haven wandelt, zie je Baskische zomervilla's die met
bruggetjes in verbinding staan met de
promenade. Bij de haven wordt de aandacht getrokken door het van versterkte
torens voorziene **Maison de l'Infante**
(Quai de l'Infante, half juni-11 nov. dag.
behalve zo. en ma.-ochtend 11-12.30,
14.30-18.30 uur, € 2,50, tot 18 jaar
gratis). In dit rederspaleis in Italiaanse
renaissancestijl verbleef in 1660 Maria
Theresia in afwachting van haar huwelijk
met Lodewijk XIV.

⌂ **Toevluchthaven van rust**
La Marisa
Dikke tapijten en cassetteplafonds ademen een sfeer van *home, sweet home*. De
kamers zijn een mix van Baskische stijl en
Britse accenten – heel knus. Het ontbijt
krijg je op de patio. Rustige ligging in de
oude stad, niet ver van het strand.
16, rue Sopite, tel. 05 59 26 95 46, www.
hotel-lamarisa.com, 2 pk vanaf € 95

⌂ **Als bij iemand thuis**
La Devinière
Dit imposante oude gebouw in het voetgangersgebied biedt een besloten sfeer
die meer doet denken aan een pension.
Borduurwerk, schilderijen en charmante
snuisterijen sieren de kamers. Met een
aangename tuin en salon.
5, rue Loquin, tel. 05 59 26 05 51, www.
hotel-la-deviniere.com, 2 pk vanaf € 120

14

Allerhande Baskische spullen – **winkelen in St-Jean-de-Luz**

Nergens anders in Baskenland vind je zo'n groot aanbod aan regionaal linnengoed, delicatessen of lederwaren dan in deze havenstad. De mooie oude stad, waar je heerlijk kunt wandelen, de goede naam van Baskische producten en de ligging nabij de grens zijn grote pluspunten. ▼

O
OVERIGENS

De keuken van **Petit Grill Basque – Chez Maya ❶** biedt authentieke gerechten als zeeduivel in pittige saus, *piquillos* en stokvis (2, rue St-Jacques, tel. 05 59 26 80 76, zo., wo. gesl., menu € 22-32).

N
NOG IETS

In de Rue du Midi heeft Sandrine Bordenave op een rustig plekje haar atelier annex winkel **Manufactoum** 🏠. De modellen van haar eigen merk Oum zijn gemaakt van zacht leer, dat wordt geleverd door een klein looiersbedrijf, of van het stevige, zeildoekachtige *toile basque* (38, rue du Midi, www.sacsmanufactoum.com, ma.-vr. 9.30-12.30, 14.30-19, za. 10-13, 15-19 uur, juli-aug. dag.).

Deze wandeling begint in het voorname **Maison de l'Infante** (▶ blz. 101) in de showroom van de Baskische ontwerper **Jean Vier ❶**, die een winkelimperium heeft van Genève tot Los Angeles. Hier domineren de kleurige streepjesdessins, die voor de afzonderlijke provincies van Baskenland staan, zowel bij het linnengoed als het serviesgoed en de huishoudelijke artikelen.

Iets verderop vind je **Maison Adam** 🏠, een winkel die al 350 jaar bestaat. De heerlijke macarons zouden al bij het huwelijk van Lodewijk XIV met Maria Theresia zijn geserveerd. De amandelkoekjes hebben in de loop der tijd gezelschap gekregen van bonbons en chocolaatjes. Twee huizen verder zie je de enorme knalrode pepers aan de gevel van **Épicerie der Maison Adam** 🏠, die ook regionale delicatessen van de andere kant van de Frans-Spaanse grens verkoopt: irouléguywijnen, tonijn uit Navarra, honing en ossaukaas.

De hamproducent **Pierre Oteiza** 🏠 garandeert dat zijn vlees van raszuivere Baskische scharrelvarkens komt. In zijn winkel worden op een houten plank stukjes ham van A.O.P. Kintoa, chorizo of eendenworst aangeboden om te proeven.

Kaas, karamel, salami en sandalen

In de Rue Gambetta, de drukste winkelstraat van St-Jean-de-Luz, kom je eerst langs banketbakkerij **Pariès** 🏠 (nr. 9). Hier vind je chocolademousse met namen als Donibane en Dorréa, een met amandelcrème, kersenjam of chocola gevulde gâteau basque, tourons van zoete amandelen en de *kanougas*, zachte karamelbonbons.

Bij **Laffargue** (nr. 25) kom je in een maroquinerie die al in 1890 haar deuren opende. Het handelsmerk van deze lederwarenzaak zijn de nagels van messing waarmee de lederwaren, vooral handtassen en ceinturen, zijn versierd.

Schuin hiertegenover lokt **Maison Thurin** (nr. 32). In dit kleine winkeltje vind je uitstekende Baskische kaas, foie gras, gevogelte, Baskische cider en nog veel meer. Deze delicatessenzaak is het beste adres als je advies nodig hebt bij de vraag welke kaas goed bij een bepaalde wijn past.

Bij **Espadrille Pariès** (nr. 52) staan comfortabele espadrilles in allerlei maten en kleuren in dozen opgestapeld tot aan het plafond. Alle espadrilles zijn van stof en hebben een zool van gevlochten vlas en hennep. De modellen komen uit eigen productie. De traditionele winkel heeft concurrentie van het zeker zo goed gesorteerde **Sandales Bayona** (nr. 60): een enorme houten sandaal fungeert als aandachtstrekker voor deze winkel, waar men behalve espadrilles ook geraffineerd schoeisel voor de zomer verkoopt.

Levendige drukte

Even zin in iets anders dan de besloten ruimte van winkels? Kijk dan eens op de **weekmarkt** , de mooiste, kleurrijkste en best gesorteerde van Baskenland. De markthal en de omliggende straten zijn voor al je zintuigen een belevenis.

INFO EN OPENINGSTIJDEN

Jean Vier **1**: Quai de l'Infante, dag. 10-12.30, 15-19 uur.
Adam **2**: 4 en 6, pl. Louis XIV, ma.-za. 8-12.30, 14-19.30, zo. 8-13, 14-19.30 uur.
Pierre Oteiza : 10, rue de la République, dag. 10-13, 14-19 uur.
Pariès : dag. 8.30-19.30, juli-aug. tot 23 uur.
Laffargue : di.-za. 9.30-12.30, 15-19.15 uur.
Maison Thurin : ma. 10-13, 14.30-19.30, di., do.-za. 8.30-13, 14.30-19.30, wo. 9-13, 14.30-19.30, zo. 10-13,15.30-19 uur.
Espadrille Pariès : dag. 10-13, 14-19 uur.
Sandales Bayona : ma.-za. 9.30-12.30, 14-19.30, zo. 10-13, 14-19.30 uur.
Weekmarkt : Bd. Victor Hugo, di.- en vr.-ochtend, juli-aug. tevens za.-ochtend.

Saint-Jean-de-Luz

0   250 m

Uitneembare kaart: kaart 2, A 16 | **Duur:** 1/2 dag

⌂ Klein maar fijn
Les Almadies
Er zijn zeven kamers in pasteltinten, het terras bij de ontbijtzaal is een mooi plekje. Het hotel staat midden in de oude stad, in het verkeersluwe winkelgebied. Probeer een van de kamers met balkon te krijgen.
58, rue Gambetta, tel. 05 59 85 34 48, www. hotel-les-almadies.com, 2 pk vanaf € 85

⌂ Landelijke idylle
La Ferme Ostalapia
Baskisch landhotel in Ahetze (8 km oostelijk) met sfeervol tuinterras en zicht op de Pyreneeën. Elegant-rustieke kamers in de stijl van de jaren 30 of met moderne kunst. Lekker: tonijncarpaccio en *confit de canard*.
Chemin d'Ostalapia (D 855), tel. 04 59 54 73 79 (restaurant sept.-juni wo., juli-aug. ma.-za. 's middags gesl.), www.ostalapia.fr, 2 pk met ontbijt vanaf € 72

🍴 Baskische cuisine
Kaiku
Volgens velen het beste Baskische restaurant in de omgeving, met een innovatieve aanpak: gemarineerde makreel met saus van waterkers, ham en room, gegrilde langoestines met een saus van kokosnoot en limoen. Mooie eetzaal met natuurstenen muren uit de 16e eeuw.
17, rue de la République, tel. 05 59 26 13 20, www.kaiku.fr, sept.-juni di.-wo. gesl., menu € 29 (doordeweek lunch) tot € 64

🍴 Innovatief
Zoko Moko
De innovatieve gerechten maken de regionale Baskische keuken tot een succes. In de moderne ambiance is altijd wel een rustig hoekje te vinden. Dat is ook de betekenis van de restaurantnaam.
6, rue Mazarin, tel. 05 59 08 01 23, www.zoko-moko.com, ma. en in okt.-juni ook di.-avond gesl., *formule* € 20, menu € 26 (doordeweek lunch) tot € 56

✿ Wijn en tapas
Le P'tit Suisse
Deze wijnbar met fantastische tapas is te vinden aan het populairste en levendigste plein van de stad. Veel wijnen kun je per glas krijgen.
Pl. Louis XIV, tel. 05 59 51 85 51, dag. vanaf 18 uur, vr.-zo. ook 's middags

🌊 Strand
Grande Plage is een breed, goudgeel zandstrand bij de oude stad. De pieren bieden beschutting tegen hoge golven.

🌊 Duiken
Odyssée Bleue
Aan de Baskische kust wemelt het van grotten, onderzeese canyons en scheepswrakken. Hier leer je deze te vinden en veilig te verkennen.
In Ciboure, Hangar 4, Chemin des Blocs, mobiel 06 63 54 13 63, www.odyssee-bleue.com; bij Fort de Socoa, lessen, materiaalverhuur

🌊 Surfen
École de Surf de Guéthary
Surfen, bodyboarden, stand up paddling: lessen voor sportievelingen van 6 tot 77 jaar bij het Plage de Parlementia.
In Guéthary, 168, rue Suhara, Domaine de Choreikin (Bidart), tel. 06 08 88 54, www.ecole-de-surf-guethary-bidart.com

❶ Info en evenementen
Office de Tourisme: 20, bd. Victor Hugo, tel. 05 59 26 03 16, www. saint-jean-de-luz.com, www.terreetcote basques.com.
Fête du Thon: 2e weekend van juli. Feest in het teken van de tonijn.
Fête de la St-Jean: weekend rond 24 juni (Sint-Johannesdag). Levendig straatfeest ter ere van de stadsheilige.

....
UITSTAPJES VANUIT ST-JEAN-DE-LUZ
....

Dure concurrentie
Ciboure ligt tegenover St-Jean-de-Luz op de linkeroever van de rivier de Nivelle. Het fraaie havenstadje (7000 inwoners, 🗺 kaart 2, A 16) heeft jarenlang de concurrentie volgehouden met St-Jean-de-Luz, maar moest in 1660 wel bijdragen aan het huwelijksfeest van Lodewijk XIV. Het rijke St-Jean-de-Luz leverde 286 hammen en 192 flessen

wijn, het kleinere Ciboure 100 hammen. Bij de strandwijk Socoa hoort **Fort Socoa**, dat de riviermonding bewaakte.

Over de grens

Bij de Col St-Ignace, 3 km ten noorden van Sare (▶ blz. 106), begint de **Petit Train de la Rhune**. De bestemming van deze nostalgische tandradbaan is de 905 m hoge top **La Rhune** (▱ kaart 2, A 16). Via een wandelroute van 2,5 uur kom je ook boven (gele markering). 's Zomers tsjirpen de krekels in het struikgewas, maar de herkenningsmelodie van de berg zijn de bellen rond de nek van zwart- of roodkoppige Manech-schapen, koeien en in het wild levende Pottok-paarden, die naar de weiden op deze hoogte worden gedreven om te grazen. Vooral de potige Pottoks, die zo groot als een pony zijn, lijkt het terrein niets uit te maken. Deze robuuste dieren, waarmee eeuwenlang smokkelwaar over de grens tussen Frankrijk en Spanje werd getransporteerd, zie je hier te pas en te onpas. Bij de laatste meters ga je ongemerkt de grens met Spanje over, want de top zelf ligt in de Spaanse provincie Navarra. Het uitzicht vanaf de top over de Baskische kust en het achterland is adembenemend. En je kunt altijd nog met de tandradbaan naar beneden.

Petit Train de la Rhune: Col St-Ignace, tel. 05 59 54 20 26, www.rhune.com, half feb.-begin nov. 9.30-11.30, 14-16 uur elke 35 min. (juli-aug. 8.30-17.30 uur), enkele reis € 15, retour € 18. Reserveren via internet is aan te raden – de rij voor het loket kan lang zijn. Bus 868 van St-Jean-de-Luz naar Col St-Ignace, half juli-eind aug. met shuttle van het station, waar je eveneens een kaartje kunt kopen voor de Petit Train de la Rhune.

··

IN DE OMGEVING

··

Bijna eindeloos

De Bidassoa scheidt **Hendaye** (14.000 inwoners, ▱ kaart 2, A 16) van de Spaanse buursteden Irun en Fuenterra-bia. Ze liggen alle drie aan de Baie de Chingoudy. Dat Hendaye aan de grens ligt, is merkbaar aan alles: er wonen veel Spanjaarden en aan het langgerek-te strand worden *churros,* snacks van gefrituurd tarwedeeg, verkocht. Overigens is Hendaye niet zo pittoresk als de andere kustplaatsen van Baskenland, maar het strand met licht aflopende zeebodem is wel gezinsvriendelijk (www.hendaye-tourisme.fr).

Prachtige neogotiek

Een kustwandelroute (11 km, 3 uur, www.randonnee.tourisme64.com, terug met bus 818 van Transports 64, www. transports64.fr, elk uur van 6-20 uur) loopt langs de overweldigend mooie **Corniche Basque** van Hendaye naar Fort Socoa in Ciboure. Een hoogtepunt is aan het begin het Château d'Abbadia, dat de cartograaf en ontdekkingsreiziger Antoine d'Abbadie in de glorietijd van het Second Empire op de Corniche Basque liet bouwen door Viollet-le-Duc (www.chateau-abbadia.fr, juli-aug. dag. 10-12, 14-18 uur, laagseizoen ma. gesl., € 7,90). Als je meer over de rotskust wilt weten, is een bezoekje aan het verder naar het oosten gelegen **Maison de la Corniche** een aanrader (Rte. de la Corniche, tel. 05 59 20 37 20, www.cpie-littoral-basque.eu, 10-12 en 14-17.30 uur, laagseizoen zo.-ma. gesl., gratis). Op de vroegere boerderij **Asportosttipi** kom je van alles te weten over de flora, fauna en geologie van deze streek. Verderop beukt de Atlantische Oceaan tegen de rotsen. En steeds heb je een weids uitzicht, naar het noordoosten tot de paleizen van Biarritz en naar het zuidwesten tot het strand van Hendaye.

Spanje lokt hier van wel heel dichtbij. De **tapasbars** in het Spaanse Fuenterrabia aan de overkant van de rivier de Bidossa hebben een sensationele reputatie. Je kunt erheen met een pendelbootje vanuit de jachthaven (juli-sept. 10-1, okt.-juni 10-19 uur, retour € 3,50).

De boer op – **dorpen in het Baskische achterland**

De weelderig groene heuvels strekken zich uit tot aan de horizon. In dat idyllische landschap liggen her en der de witte dorpjes van de Baskische provincie Labourd. Twee daarvan worden gerekend tot de 'plus beaux villages de France'.

De rood-witte vakwerkhuizen en de plompe kerktoren in **Ascain** ❶ zijn typerend voor de Baskische dorpen van Labourd. De kerk Notre-Dame-de-l'Assomption betreed je via de ingang van de toren, zoals gebruikelijk in deze regio. Volgens de traditie zaten de vrouwen op de banken in het langschip, terwijl de mannen zich verzamelden in de versierde houten galerijen van drie verdiepingen hoog. Een pelottemuur naast de kerk mag uiteraard niet ontbreken.

Gevelversiering op een andere manier.

Wie is de mooiste van het land?

In **Sare** ❷ getuigen de plompe huizen die al vele generaties bewoners hebben gekend, van een sterke zin voor traditie. Het heeft een grens van ruim 30 km lang gemeen met de Spaanse Baskenprovincie Navarra. Sare was vanouds dan ook een smokkelaarsnest. Nu draagt het de eretitel 'een van de mooiste dorpen van Frankrijk'.

In de omgeving vind je drie bezienswaardigheden. Het **Musée du Gâteau basque** ❸ in het dorpje Lehenbizkai is gewijd aan het Baskische gebak. In de **Grottes de Sare** ❹, 6 km zuidelijker, kun je door een grottenstelsel wandelen dat in de prehistorie bewoond werd. Een echte blikvanger is het 350 jaar oude **Maison Ortillopitz** ❺ in het dorpje Elbarrun. Het is liefdevol gerestaureerd en ingericht met het originele meubilair.

Het eerste wat je van **Ainhoa** ❻ ziet, is de kerk die boven een groene heuvel uitsteekt. Ook dit prachtige dorp, waarvan de plompe huizen zij aan zij op een heuvelkam staan, behoort tot de 'plus beaux villages de France'. Ainhoa is een *bastide*, een vestingdorp, zoals er vele in de 13e

OVERIGENS

Heb ja na al het autorijden zin om even de benen te strekken? Achter de interessante kerk van **Ainhoa** ❻ gaat de langeafstandswandelroute GR10 (rood-witte balken, bijna 1 uur lopen) omhoog naar de kapel Notre-Dame-d'Aranzazu. Hier heb je een weids uitzicht over de Baskische kust tot aan de Spaanse provincie Navarra.

eeuw in het zuidwesten van Frankrijk planmatig werden aangelegd volgens een strak stratenplan. Kenmerkend zijn het groene of rode vakwerk met vensterluiken in dezelfde kleur, het vooruit-springende dak en de grote poort met daarachter een soort dorsvloer. Zijn rijkdom dankte Ainhoa aan de ligging aan de Sint-Jacobsroute. Daaraan herinnert ook nog de kerk met zware muren en een achthoekige toren.

Basken houden van rood en pittig

Espelette is zo ongeveer synoniem met rode peper. Dankzij de scherpe vruchten is het dorp een trekpleister voor fijnproevers. Ook hier zie je plompe huizen met mooi vakwerk. Een klein stukje onder het centrum van het dorp staat de vestingachtige kerk. Op het kerkhof ernaast staat een hele serie, voor Baskenland karakteristieke schijfkruisen uit de 17e en de 18e eeuw. Voor de terugweg naar Ascain ga je via **St-Pée-sur-Nivelle** . De knusse hoofdstraat heeft hier wel wat te lijden onder het doorgaande verkeer, maar het dorp heeft een mooie kerk en een oud washuis.

P
PITTIG

In Espelette worden de rode balken van de vak-werkhuizen extra versierd door rode pepers die aan de gevels te drogen hangen. De gedroogde pepers worden tot poeder fijngestampt en verwerkt in vrijwel elke Baskische specialiteit, waaronder chocolade. Over de in de 17e eeuw via Spanje in Baskenland ingevoerde rode (chili)peper kom je meer te weten op de ex-positie 'Le Piment dans le monde' in het gemeente-huis (Château des Barons, www.pimentdespelette. com, juni-okt. ma.-za. 10-13, 15-18 uur).

INFO EN OPENINGSTIJDEN

Musée du Gâteau basque : www.legateaubasque.com, rondleiding apr.-nov. ma.-vr. 15, 16, 17, juli-aug. ook 11.30 uur, € 8, cursus bakken do. 14.30 uur, € 15-28.

Grottes de Sare : www.grottesdesare.fr, rondleiding feb.-mrt., nov.-dec. ma.-vr. 14-17, za.-zo. 13-17, apr.-juli, sept. 10-18, aug. 10-19, okt. 10-17 uur, € 8,50.

Maison Ortillopitz : www.ortillopitz.com, half apr.-half sept. rondleiding ma.-vr. 14.15, 15.30, 16.45, zo. alleen 15.30, juli-aug. ook 10.45, 12, 18, half sept.-half okt. zo.-vr. 15.30 uur, € 9.

ETEN EN DRINKEN

Voor Baskische streekgerechten in een verfrissend moderne ambiance ga je naar

Ttotta . Hier heeft men uiteraard speciale aandacht voor worst en ham. (St-Pée-sur-Nivelle, wijk Ibarron, tel. 05 59 47 03 55, www.ttotta.fr, wo. en in het laagseizoen ook di.-avond gesl., *formule* € 13, menu € 19-26).

Reisinformatie

Met de auto

Vanuit Nederland en België gaat de weg naar de Franse Atlantische kust in de meeste gevallen via Parijs. Van Parijs rijd je over de A10 via Poitiers naar La Rochelle en Bordeaux. Vanaf Bordeaux gaat de A10 verder naar Biarritz en de Spaanse grens.

Vanuit het zuidoosten van Nederland en het oosten van België kan ook worden gekozen voor een route via Metz. Hierna rijd je over de A31 via Nancy naar Dijon en dan verder over de A6 naar Lyon, vanwaar je over de A70 en de A72 via St-Étienne naar de kruising met de A20 ten noorden van Brive-la-Gaillarde rijdt. Hier neem je de A89 naar Bordeaux. Voor de autosnelwegen (*autoroutes*) moet tol (*péage*) worden betaald. Dit kan zowel contant als met een credit-card. Vergeet niet je rijbewijs en groene verzekeringskaart mee te nemen.

Met het vliegtuig

Lijnvluchten: KLM/Air France vliegt dagelijks van Schiphol naar Bordeaux en via Parijs naar Biarritz (KLM, tel. 020 474 77 47 (NL) of 070 22 24 66 (B), www.klm.com). Ook vanuit Brussel vliegt Air France dagelijks op Bordeaux (Air France, tel. 020 654 57 20 (NL) of 02 620 01 84 (B), www.airfrance.nl of .be).

Budgetmaatschappijen: Ryanair vliegt van Brussel naar zowel Bordeaux als Biarritz (www.ryanair.com) en Easyjet vliegt van Amsterdam en Brussel naar Bordeaux (www.easyjet.com).

Met de trein

Vanuit Nederland en België voert de treinroute naar de Franse Atlantische kust eerst naar Parijs (Gare du Nord), of je nu via Brussel of via Luik gaat. Vanaf Gare du Nord ga je met de metro naar Gare Montparnasse. Hier neem je de TGV naar Bordeaux (ongeveer twintig treinen per dag, reisduur 3 uur) of naar La Rochelle (reisduur 2 uur en 50 min.). Verdere informatie vind je op www.nsinternational.nl, www.b-europe.com en www.voyages-sncf.com.

Douane

Ook al wordt er niet aan de grens (wel op luchthavens) gecontroleerd, EU-burgers moeten een geldig paspoort of een geldige identiteitskaart bij zich hebben. Kinderen moeten met een eigen paspoort of identiteitskaart reizen, ongeacht hun leeftijd. Bij het huren van een auto moet je ook een paspoort of identiteitskaart tonen. Binnen de Europese Unie mag je goederen meenemen voor persoonlijk gebruik, al geldt er wel een als 'aannemelijk' gezien maximum van 800 sigaretten, 10 l sterkedrank, 90 l wijn of 110 l bier.

Op vertoon van de European Health Insurance Card (EHIC) die te verkrijgen is via je ziektekostenverzekering, heb je recht op medische zorg in Frankrijk. Sluit bij voorkeur een reisverzekering af die ook ziektekosten dekt, want je eigen ziektekostenverzekeraar vergoedt mogelijk niet alle gemaakte kosten, zoals verblijf in een ziekenhuis of vervoer terug naar eigen land.

Bij een noodgeval bel je via het nationale telefoonnummer 15 een ambulance of een dienstdoende arts (S.A.M.U.).

Bij een vergiftiging kun je dag en nacht terecht bij het Centre anti-poison van de universiteitskliniek Bordeaux, CHU Pellegrin Tripode, Place Amélie Raba Léon, 33076 Bordeaux Cedex, tel. 05 56 96 40 80, www.centres-antipoison.net/bordeaux.

Apotheken (*pharmacies*) zijn te herkennen aan een groen neonkruis. Voor veel siimpele aandoeningen zijn hier ook medicijnen zonder recept te krijgen. Informatie over dienstdoende apotheken vind je meestal bij de deur.

INFORMATIE

Atout France
Het Frans Verkeersbureau/Bureau voor
Toerisme geeft toeristische informatie
over de verschillende Franse regio's en
over een groot aantal vakantiethema's,
zoals cultuur, fietsen, gastronomie, kam-
peren, naturisme, natuur, kust, steden
en wijn. Kijk op: nl.rendezvousenfrance.
com of be.rendezvousenfrance.com.

Regionale toeristenbureaus
Poitou-Charentes Tourisme: 15, rue
de l'Ancienne Comédie CS 7057586021
Poitiers Cedex, tel. 05 49 55 77 00,
www.poitou-charentes-vacances.com.
Informatie over de Atlantische kust en
het achterland van La Rochelle tot de
noordelijke oever van de Girondemonding.
Tourisme d'Aquitaine: 4/5, Place Jean
Jaurès, 33074 Bordeaux, tel. 05 56 01
70 00, www.tourisme-aquitaine.fr.
Informatie over de Atlantische kust van
de zuidelijke oever van de Girondemonding tot de grens met Spanje.

KINDEREN

Uitstapjes
Ook bij wat minder goed weer zijn
de **zeeaquariums** langs de Franse

*Savoir vivre: de pompoensoep wordt
met een scheutje rode wijn verfijnd,
want die smaakt bij alles!*

Atlantische kust een attractie, zoals het
aquarium in La Rochelle (▶ blz. 16),
waar onder andere papegaaivissen
en hamerhaaien zwemmen, en het
aquarium in Arcachon (▶ blz. 66).
Een tip voor snoepers: tijdens een
bezichtiging van het chocolademuseum
Planète Chocolat in Biarritz kun je
tevens chocolade proeven. **Boottocht-
jes** doen het kinderhart steevast sneller
kloppen: je hebt keus uit verschillende

VEILIGHEID EN NOODGEVALLEN

Laat op afgelegen parkeerplaatsen
bij een strand of een wandelroute
geen waardevolle spullen in de auto
achter! In grote steden kun je de
auto het best (vooral 's nachts) in een
parkeergarage zetten. Laat ook dan
spullen nooit op een zitplaats liggen.
Markten en drukke menigten vormen
een ideale omgeving voor zakkenrol-
lers. Geef een diefstal altijd aan op
het politiebureau om de schade later
eventueel vergoed te krijgen van de
verzekering.

Alarmnummers
Algemeen: 112; politie: 17;
ambulance: 15; brandweer: 18.
Bankpas of creditcard blokkeren: tel.
0031 (0)30 283 53 72, zie ook www.
pasblokkeren.nl of tel. 0032 (0)70 34
43 44, zie ook www.cardstop.be.
Nederlandse ambassade:
in Parijs, tel. 0033 (0)1 40 62 33 00,
par@minbuze.nl.
Belgische ambassade:
in Parijs, tel. 0033 (0)1 44 09 39 39,
paris@diplobel.fed.be.

Van donkerblauw en felgroen tot zachte pasteltinten: de kleurern aan de Franse Atlantische kust hebben al veel kunstenaars bekoord.

tochten door het 'groene Venetië' van Marais Poitevin (► blz. 24), over de Courant d'Huchet (► blz. 82) en over de Charente in Saintes (► blz. 41). In Cap Ferret lokken een **petit train** (toeristentreintje) en het **amusements-park van La Hume**. Een ander leuk uitje met kinderen is de **dierentuin van La Palmyre** (► blz. 40). Op sommige plaatsen langs de kust zie je de aanduiding **Club de Plage**, zoals in Carcans-Maubuisson, Fouras, Hossegor of Biarritz. Hier zijn activiteiten geregeld die in het bijzonder zijn afgestemd op kinderen tussen de 4 en 12 jaar, met onder andere zeil- en zwemlessen, fietspaden, speeltoestellen en begeleiders die kleintjes helpen een zandkasteel te bouwen (www.clubs-de-plage.com).

REIZEN MET EEN BEPERKING

Op de website van het Franse over-koepelende toeristenbureau **Atout France** (nl.france.fr/nl) vind je onder de rubriek 'Praktische informatie' aanvullende tips in verband met een 'beperkte mobiliteit'.

SPORT EN ACTIVITEITEN

Fietsen
In beschermde natuurgebieden zoals Landes of Marais Poitevin doorkruisen fietspaden *(véloroutes)* de bossen en moerassen. De zogeheten *voies vertes* zijn helemaal afgesloten voor gemotoriseerd verkeer – vaak volgen deze routes voormalige treintrajecten (www.voiesvertes.com). Op het onder welgestelde Parijzenaars populaire Île de Ré is het heel chic om te fietsen. Ook steden als La Rochelle en Bordeaux hebben veel fietspaden. Nadere informatie vind je op de site van de Fédération francaise de cyclotourisme (www.ffct.org).

Golf
De lijst met aantrekkelijke golfbanen is lang. Informatie is verkrijgbaar bij de regionale toeristenbureaus (zie blz. 109) en bij de Fédération Française de Golf. Op www.ffgolf.org kun je onder 'Guide des golfs' doorklikken naar de bijna tachtig golfbanen in de regio's Aquitaine en Poitou-Charentes (alleen in het Frans).

Kanoën, kajakken, raften

De moerassen, zoutmeren en rivieren in het achterland bieden tal van mogelijkheden om de peddels te hanteren. Steeds populairder wordt het kajakken op zee, waarbij de kalmere wateren van Charente-Maritime een stuk geschikter zijn dan de hoge golven verder naar het zuiden. Informatie via de Fédération Française de Canoë-Kayak op www.ffck.org onder 'Fédération' met keuze van regio en sport (alleen in het Frans).

Paardrijden

Langs of vlak achter de kust zijn honderden kilometers aan ruiterpaden te vinden. Kijk voor informatie over die paden en over maneges op www.tourisme-equestre.fr, uitgesplitst naar departement. Voor Poitou-Charente kun je bovendien een alles vinden op www.cheval-poitoucharentes.com. Informatie over paardrijvakanties is verkrijgbaar via de Fédération Française d'Équitation op www.ffe.com.

Parapente

De brede stranden zijn ideale landingsbanen en hoge duinen komen uitstekend van pas bij de start. Goede locaties zijn onder andere de duinen van Pilat, Pointe de Grave en diverse plekken in Landes, zoals Moliets en Hossegor. Op http://federation.ffvl.fr zijn alle locaties te vinden op een interactieve kaart.

Surfen, kitesurfen

Surfscholen zijn langs de hele Franse Atlantische kust te vinden. Ook de zoutmeren achter de kust zijn populaire surflocaties. Kijk voor informatie over scholen met het kwaliteitslabel 'École française de surf' en voor actuele wetenswaardigheden uit de surfwereld op de website van de Fédération Française de Surf (www.surfingfrance.com).

Thalassotherapie

Wellness met zeewater is een fantastische ervaring. In het 'dossier thermal' wordt voor iedere nieuwkomer een uitgekiend wellnessprogramma opgesteld: jacuzzi, gevaporiseerd zeewater inhaleren, douche met massagestralen, hamam, zwemmen met tegenstroom, rugschool (voor rugklachten), algentherapie, aquastretching, yoga, ademhalingsgymnastiek aan het strand. De Centres de thalassothérapie van Île de Ré, Châtelallion, Royan, Arcachon, Anglet, Biarritz, St-Jean-de-Luz en Hendaye doen er alles aan om je te bevrijden van stress, rookverslaving, rugpijn, slaapstoornis of simpelweg van de dagelijkse beslommeringen (www.france-thalasso.com).

Wandelen

Een netwerk van langeafstandswandelroutes (Sentier de Grande Randonnée, GR, rood-witte markering) doorkruist het kustgebied tussen La Rochelle en Hendaye. Een paar van de mooiste zijn de GR360 naar de romaanse kerken rond Saintes, de GR8 langs de Côte d'Argent en de zware GR10 door de Baskische Pyreneeën. Wie liever geen meerdaagse wandelingen maakt, kan met behulp van een wandelgids uit de serie Topo-Guide (verkrijgbaar bij de Franse boek- en tijdschriftenhandel) een deel van een langeafstandsroute lopen. De routes van de GR's en de overnachtingsmogelijkheden voor wandelaars vind je op www.gr-infos.com. Voor langeafstandswandelaars zijn er ook nog vier pelgrimsroutes (zie www.compostelle-france.fr).
Verder zijn er tal van kortere wandelroutes uitgezet, die een halve of een hele dag in beslag nemen (PR, blauwe markering: 2 uur, geel: 4 uur, groen: 6 uur). Bovendien bieden een paar lokale toeristenbureaus folders met wandeltochten van maximaal één dag. Nadere informatie via de Fédération francaise de randonnée pédestre (www.ffrandonnee.fr).

Zeilen

Overal langs de kust liggen kleine en grote jachthavens, die worden vermeld door de Fédération francaise des ports de plaisance op www.ffports-plaisance.com. Zeilscholen zijn er ook volop. Badplaatsen die zich vooral richten op

Bordeaux heeft de langste en hoogste hefbrug van Europa om de grootste cruiseschepen door te kunnen laten.

zeilers hebben het label 'Station Voile'. Zeilscholen met het embleem 'École française de voile' staan borg voor professionaliteit en veiligheid. Een overzicht van zeilscholen en locaties vind je op de site van de Fédération Française de Voile (www.ffvoile.fr).

OVERNACHTEN

Hotels
Hotels worden met sterren (van één tot vijf) ingedeeld. Een klein aantal luxueuze hotels heeft het keurmerk 'Palace', de hoogste categorie. De sterren zeggen doorgaans weinig over de charme van een bepaald verblijf, maar zijn een afspiegeling van het comfort. Zo bieden driesterrenhotels een telefoon op de kamer en een lift.

Chambre d'hôtes
Chambre d'hôte is de Franse variant van Bed & Breakfast. Soms doet een chambre d'hôte denken aan luxueuze onderkomens uit internationale woonmaga-

zines. Die wordt dan chambre d'hôte de charme genoemd en is ook duurder. In het mooiste geval kun je bij een chambre d'hôte ook een table d'hôte reserveren – de mogelijkheid om samen met de eigenaars en de andere gasten te eten. Ferme-auberges (boerderijen met restaurant, vaak met kamers) zijn vooral in het achterland te vinden. Let op: bij veel particuliere aanbieders kun je niet met creditcard betalen.

Vakantiehuizen
Bij het reisbureau kun je terecht voor de catologi van talloze touroperators. Bij Pierre & Vacances, de grootste aanbieder van vakantieverblijven in Frankrijk, heb je de keuze uit vakantieparken, appartementen, hotels en villa's. Reserveringen via tel. 0900 700 70 70 (NL, € 1 per gesprek) of 070 246 100 (B, € 0,16 per min.) of www.pierreetvacances.com/nl-nl.

Campings
Van een luxueuze camping met zwembad, tennisbaan en animatieprogramma tot een eenvoudige gemeentecamping *(camping municipal)*, er is er voor ieder wat wils. Vaak worden behalve plaatsen voor tent of caravan ook chalets en stacaravans verhuurd.

Jeugdherbergen
Een *auberge de jeunesse* vind je in La Rochelle, Saintes, Anglet, Rochefort-sur-Mer, Blanquefort (Bordeaux) en Biarritz. Een lidmaatschapskaart is nodig. Informatie op www.fuaj.org.

VERVOER

Trein
Alle belangrijke plaatsen worden aangedaan door treinen van de regionale TER (Transport Express Régional, tel. 0033 892 35 35 35 vanuit het buitenland, 36 35 in Frankrijk, www.sncf.com) of de hogesnelheidstrein TGV (www.tgv.com). Zonder toeslag kost een treinreis van 100 km ongeveer € 20. Kaartjes, informatie en kortingen via www.voyages-

sncf.com (ook in het Nederlands) of binnen Frankrijk tel. 36 35 (7-22 uur, € 0,34 per min.).

Bus
Kijk voor informatie over de busverbindingen in de regio Nouvelle Aquitaine (knooppunten La Rochelle, Rochefort en Royan) op http://aquitaine.ter.sncf.com. De kust van Charente-Maritime en de eilanden ervoor worden bediend door de departementale busonderneming Les Mouettes, www.lesmouettes-transports. com. Kijk voor informatie over de busverbindingen in de regio Aquitaine met Baskenland (knooppunten Bordeaux, Arcachon, Bayonne, Biarritz) op www. transbus.org/reseaux/r_aquitaine.html. De kust van Gironde wordt bediend door TransGironde, www.transgironde.fr, die van Landes door RDTL (Régie Départementale des Transports des Landes, www. rdtl.fr), die van Pyrénées Atlantiques door een netwerk van dertig interlokale buslijnen. Zie www.transports64.fr. Een busreis van 100 km kost ongeveer € 12.

Taxi
De minimumprijs van een taxirit is € 6,40, waarbij het starttarief van € 2 is inbegrepen. Van 7-19 uur bedragen de ritkosten circa € 1 per kilometer, op andere tijdstippen € 1,40. Op zon- en feestdagen geldt altijd het hoge tarief.

Voor bagage geldt een meerprijs van € 1 per stuk vanaf 5 kg.

Eigen auto
Pech onderweg: op autosnelwegen kun je via praatpalen hulp vragen; bel in andere gevallen het algemene nummer van de politie: 17. De ANWB heeft een steunpunt in Lyon: tel. 04 72 17 12 12. **Verkeersregels:** de maximumsnelheid binnen de bebouwde kom is 50 km per uur, op provinciale wegen 90 km, op autowegen 110 km, op autosnelwegen 130 km. **Alcohol:** maximaal 0,5 promille. **Autogordel:** verplicht op alle zitplaatsen. **Parkeerverbod:** voor postkantoren, politiebureaus, ziekenhuizen, veel scholen en kleuterscholen bij geel geschilderde trottoirbanden. **Verkeersinformatie:** radio FM 107,7. **Tanken:** de keuze bestaat uit essence (octaangehalte 89/E10), super 95, super 98 en gazole/gasoil (diesel). Bij 'poid lourds' gaat het om diesel voor vrachtauto's. Bij de benzinepompen van grote supermarkten tank je goedkoper.

Huurauto
Bij het vliegveld van Bordeaux, de stations van La Rochelle en Biarritz en in veel andere plaatsen vind je alle grote autoverhuurders.

DUURZAAM REIZEN

De Franse Atlantische kust schakelt over op groen. Moderne waterzuiveringsinstallaties spreken vanzelf, het aantal fietspaden neemt almaar toe. Zonnecellen worden de standaard, ecologische landbouw is een wijdverbreid fenomeen. Nadere informatie: **www.milieucentraal.nl:** deze onafhankelijke voorlichtingsorganisatie biedt praktische informatie over milieu en energie in het dagelijks leven. **www.groenevakantiegids.nl:** het Europees Centrum voor Eco- en AgroToerisme geeft een lijst van milieuvriendelijke vakantieadressen in 28 landen, waaronder Frankrijk. Op de site vind je zo'n veertig adressen in Poitou-Charentes en Aquitaine (doorklikken via 'Frankrijk' naar de betreffende regio). **Duurzaam aan de Franse Atlantische kust:** spaarzaam omgaan met water is zinvol in een gebied dat jaarlijks te maken heeft met hittegolven. Laat in de stad de auto staan en gebruik het openbaar vervoer. Koop op markten producten van lokale producenten die biologisch werken.

Hoe zegt u?

Alles oké?
*vlotte, vriendelijke
begroeting*

La mer est belle.

**Il faut manger
quand c'est chaud.**

De zee is mooi.
*Het betekent zoveel als: weinig
golven, ideaal zwemweer*

Je moet het eten als het warm is
*Bij het eten wordt niet gewacht t
alle borden op tafel staan.*

alsjeblieft

Salut!

BONJOUR!

Hallo/tot kijk!

Goedendag!

Goedendag!
*Baskisch, de 'x' wordt
uitgesproken als 'sj'.*

Au revoir!

Merci!

Tot ziens!

Dankjewel!

Quel bordel!

mener la vie de château

Wat een bende/zwijnenstal!
Wat een chaos/puinhoop!

als op een kasteel leven
een prinsenleven leiden

Register

Register

Paklijst

> AANTAL DAGEN

....

> HET WEER

WARM   KOUD   NAT

> BASISUITRUSTING

ANWB EXTRA
PASPOORT/ID-KAART
TICKETS & VISUM
RIJBEWIJS
BANKPASSEN
MEDICIJNEN
VERZEKERINGEN
HOTELADRES

....
....
....
....
....

C
CHECK

> TOILETARTIKELEN

....
....
....
....
....
....
....
....
....
....
....
....

> KLEDING

....
....
....
....
....
....
....
....
....
....
....
....
....
....

> DIVERSEN

....
....
....
....
....
....

> ELEKTRONICA

....
....
....
....
....

Mijn tripplanner

DAG 1

Blz ...... MUST SEE..
Blz ....
Blz ....
Blz ....
Blz ....
Blz ....
Blz ...... ETEN EN DRINKEN..
Blz ....

DAG 2

Blz ...... MUST SEE..
Blz ....
Blz ....
Blz ....
Blz ....
Blz ....
Blz ...... ETEN EN DRINKEN..
Blz ....

DAG 3

Blz ...... MUST SEE..
Blz ....
Blz ....
Blz ....
Blz ....
Blz ....
Blz ...... ETEN EN DRINKEN..
Blz ....

DAG 4

Blz ...... MUST SEE..
Blz ....
Blz ....
Blz ....
Blz ....
Blz ....
Blz ...... ETEN EN DRINKEN..
Blz ....

MUST SEE.. Blz ......

.... Blz ......

.... Blz ......

.... Blz ......

.... Blz ......

.... Blz ......

ETEN EN DRINKEN .... Blz ......

.... Blz ......

DAG 5

MUST SEE.. Blz ......

.... Blz ......

.... Blz ......

.... Blz ......

.... Blz ......

.... Blz ......

ETEN EN DRINKEN .... Blz ......

.... Blz ......

DAG 6

MUST SEE.. Blz ......

.... Blz ......

.... Blz ......

.... Blz ......

.... Blz ......

.... Blz ......

ETEN EN DRINKEN .... Blz ......

.... Blz ......

DAG 7

.... Blz ......

.... Blz ......

.... Blz ......

.... Blz ......

.... Blz ......

.... Blz ......

.... Blz ......

.... Blz ......

E EXTRA

Notities

....
....
....
....
....
....
....
....
....
....
....
....
....
....
....
....
....

T
TIPS

....
....
....
....
....
....
....
....
....
....
....
....

Favoriete plekken – **review**

> OVERNACHTEN

ACCOMMODATIE ► ....

ADRES/BLADZIJDE ....

PRIJS € €€ €€€

NOTITIE ....

....

> ETEN EN DRINKEN ....

RESTAURANT ► ....

ADRES/BLADZIJDE ....

PRIJS € €€ €€€ CIJFER

VOORGERECHT ....

HOOFDGERECHT ....

NAGERECHT ....

NOTITIE ....

....

RESTAURANT ► ....

ADRES/BLADZIJDE ....

PRIJS € €€ €€€ CIJFER

VOORGERECHT ....

HOOFDGERECHT ....

NAGERECHT ....

NOTITIE ....

....

RESTAURANT ► ....

ADRES/BLADZIJDE ....

PRIJS € €€ €€€ CIJFER

VOORGERECHT ....

HOOFDGERECHT ....

NAGERECHT ....

NOTITIE ....

....

....

> WINKELEN

WINKEL ►
ADRES/BLADZIJDE
NOTITIE

WINKEL ►
ADRES/BLADZIJDE
NOTITIE

> UITGAAN

GELEGENHEID ►
ADRES/BLADZIJDE
NOTITIE

GELEGENHEID ►
ADRES/BLADZIJDE
NOTITIE

> EXTRA

EXTRA ►
ADRES/BLADZIJDE
NOTITIE

EXTRA ►
ADRES/BLADZIJDE
NOTITIE

EXTRA ►
ADRES/BLADZIJDE
NOTITIE

Fotoverantwoording

DuMont Bildarchiv, Ostfildern: blz. 24, 64/65, 81 (Huber)
Getty, München: blz. 68 (AFP/Muller); omslag, kaart (hemis.fr/Sudres)
Klaus Simon, Valwig: blz. 5
laif, Köln: blz. 60 (Enker); 18 (Express REA/Guilloteau); 89 (hemis.fr/Berthier); 45 (hemis.fr/Bouloumie); 83 (hemis.fr/Cordier); 17 (hemis.fr/Frumm); 40/41 (hemis.fr/ Grimberg); 112 (hemis.fr/Guiziou); 11, binnenflap voor (hemis.fr/Hughes); 29 (hemis. fr/Leroy); 22 (hemis.fr/Soberka); 62 (hemis.fr/Spani); 34 (Henseler); 128/2 (Leemage/ Opale/Assouline); 78 (Le Figaro Magazine/Fautre); 7, 72, 74, 110 (Le Figaro Magazine/Mazodier); 8/9, 26, 30, 33 (Le Figaro Magazine/Prignet); 128/4 (M.Y.O.P./ Alcock); 57 (REA/Gelebart); 109 (Sudres); 128/5 (VU); 128/6 (VU/Verzone)
Manfred Görgens, Wuppertal: blz. 4 b, 14/15, 54, 58, 76, 84, 96
Mauritius, halfnwald: blz. 38 (age/Dallet), 128/3 (age/Lacz); 53 (Alamy/Alba); 128/1 (Alamy/GL Archive); 93 (Alamy/Kellermann); 36 (Alamy/Kowalsky); 128/7 (Alamy/ Paul Hem Art); 4 o (Alamy/Viewpoint); 106 (Alamy/Zylberyng); binnenflap achter, 42/43, 50 (hemis.fr/Gardel); 128/9 (robertharding/Hughes); 90/91 (Schunack)
picture-alliance, Frankfurt a.M.: blz. 128/8 (Blanchet)
Illustratie blz. 3: Gerald Konopik, Fürstenfeldbruck

Hulp gevraagd!
De informatie in deze reisgids is aan verandering onderhevig. Het kan dus wel eens gebeuren dat je ter plaatse een andere situatie aantreft dan de auteur.
Is de tekst niet meer helemaal correct, laat ons dat dan even weten.

Ons adres is:
Uitgeverij ANWB
Redactie KBG
Postbus 93200
2509 BA Den Haag
anwbmedia@anwb.nl

Productie: Uitgeverij ANWB
Coördinatie: Els Andriesse
Tekst: Klaus Simon
Vertaling: Albert Witteveen
Eindredactie: Marijn Mostart
Opmaak omslag: Atelier van Wageningen
Opmaak: Hubert Bredt
Opmaak notitiepagina's: Studio 026
Concept: DuMont Reiseverlag
Grafisch concept: Eggers+Diaper
Cartografie: DuMont Reisekartografie
© 2018 DuMont Reiseverlag

© 2019 ANWB bv, Den Haag
Eerste druk
ISBN: 978-90-18-04521-0

Herinner je je deze nog?

Joseph-Ignace Guillotin

Deze arts uit Saintes (1738-1814) beoogde het beste voor terdoodveroordeelden. Voor een nauwkeurige executie van korte duur vond hij de naar hem vernoemde valbijl uit – de guillotine.

François Mitterrand

Geboren en begraven in Jarnac, in Charente. Als president stond hij hoog in aanzien tijdens zijn leven, maar dat is nu veel minder vanwege zijn gedrag alsof hij God was. In Soustans staat nog wel een monument voor hem.

Pottok

Dit kortbenige, robuuste wilde paard van Baskenland draaft over de groene weiden van de westelijke Pyreneeën. Hij staat bekend als aangenaam in de omgang, intelligent, taai en karaktervol. Echt Baskisch.

Ségolène Royal

President van de regio Poitou-Charentes en voormalige levenspartner van president Hollande. Van 2014 tot 2017 was ze minister van Ecologie, Duurzame Ontwikkeling en Energie onder haar ex Hollande.

Sempé

In Bordeaux geboren cartoonist en tekenaar van de strip *Le petit Nicolas*. Zijn voornaam luidt Jean-Jacques. Met zijn humoristische karikaturen spreekt hij tot het hart van velen in Frankrijk, en ver daarbuiten.

José Bové

De beroemdste milieuactivist van Frankrijk komt uit Bordeaux. Hij werd in 1953 in deze stad geboren. Hij verzet zich tegen de globalisering en tegen fastfoodketens, en waarschuwt tegen genetisch gemanipuleerde maïs.

Maurice Ravel

De bekendste Baskische componist werd in 1875 in Ciboure geboren. Hij was een exponent van het impressionisme in de muziek. Zijn *Boléro* kent iedereen.

Antoine Albeau

Te herkennen aan zijn blonde haren die nat zijn van het zoute water. Deze surfkampioen uit La Rochelle was in diverse disciplines 24 keer wereldkampioen.

De girondijnen

De afgevaardigden uit Bordeaux stonden tijdens de Franse Revolutie bekend als gematigd. In 1793 verloren ze de een na de ander letterlijk hun hoofd.